Friedenspreis
des Deutschen Buchhandels

Carolin Emcke

FRIEDENSPREIS DES DEUTSCHEN BUCHHANDELS
PEACE PRIZE OF THE GERMAN BOOK TRADE

2016

Carolin Emcke

Ansprachen aus Anlass der Verleihung
Conferment Speeches

Börsenverein des Deutschen Buchhandels
German Booksellers and Publishers Association

Die Reden, die aus Anlass der Verleihung des Friedenspreises
des Deutschen Buchhandels an Carolin Emcke
am 23. Oktober 2016 in der Paulskirche zu Frankfurt am Main
gehalten wurden, folgen dem gesprochenen Wort.

ISBN 978-3-7657-3303-1
Copyright © Börsenverein des Deutschen Buchhandels e.V.
Frankfurt am Main 2016
im Verlag MVB Marketing- und Verlagsservice des Buchhandels GmbH

Texte, Redaktion und Lektorat Martin Schult
Foto Andreas Labes
Gestaltung und Satz Farnschläder & Mahlstedt, Hamburg
Druck und Bindung Kösel, Altusried-Krugzell
Übersetzungen Stefan Eich und The Hagedorn Group

INHALT CONTENTS

Den Friedenspreis des Deutschen Buchhandels
verleiht der Börsenverein im Jahr 2016 an

Carolin Emcke

und ehrt damit die Journalistin und Publizistin, die mit ihren Büchern, Artikeln und Reden einen wichtigen Beitrag zum gesellschaftlichen Dialog und zum Frieden leistet.

Ihre Aufmerksamkeit gilt dabei besonders jenen Momenten, Situationen und Themen, in denen das Gespräch abzubrechen droht, ja nicht mehr möglich erscheint. Carolin Emcke setzt sich schwierigen Lebensbedingungen aus und beschreibt – vor allem in ihren Essays und ihren Berichten aus Kriegsgebieten – auf sehr persönliche und ungeschützte Weise, wie Gewalt, Hass und Sprachlosigkeit Menschen verändern können. Mit analytischer Empathie appelliert sie an das Vermögen aller Beteiligten, zu Verständigung und Austausch zurückzufinden.

Das Werk von Carolin Emcke wird somit Vorbild für gesellschaftliches Handeln in einer Zeit, in der politische, religiöse und kulturelle Konflikte den Dialog oft nicht mehr zulassen. Sie beweist, dass er möglich ist, und ihr Werk mahnt, dass wir uns dieser Aufgabe stellen müssen.

Börsenverein des Deutschen Buchhandels e. V.
Der Vorsteher
Heinrich Riethmüller

Frankfurt am Main, in der Paulskirche
23. Oktober 2016

The German Publishers and Booksellers Association awards
the 2016 Peace Prize of the German Book Trade to

Carolin Emcke

In doing so, the association and its members have chosen to honour a journalist and author whose books, articles and speeches have made a significant contribution to social dialogue and peace.

The work of Carolin Emcke pays particular attention to those moments, situations and issues in which discussions threaten to break down and communication seems no longer possible. In her highly personal and vulnerable manner, she regularly places herself in perilous living situations in order to illustrate – especially in her essays and reports from war zones – how violence, hatred and speechlessness can change people. She then uses analytical empathy to call on everyone involved to find their way back to understanding and exchange.

Carolin Emcke's work has thus become a role model for social conduct and action in an era in which political, religious and cultural conflicts often leave no room for dialogue. She proves that communication is indeed possible, and her work reminds us that we must all strive to achieve this goal as well.

German Publishers and Booksellers Association
Chairman of the Board of Trustees
Heinrich Riethmüller

Frankfurt am Main, Church of St. Paul
October 23, 2016

Heinrich Riethmüller

Vorsteher des Börsenvereins des
Deutschen Buchhandels

Niemand
ich bin König Niemand
trage mein Niemandsland in der Tasche

Mit Fremdenpaß reise ich
von Meer zu Meer

Wasser deine blauen
deine schwarzen Augen
die farblosen

Mein Pseudonym
niemand
ist legitim

Niemand argwöhnt
dass ich ein König bin
und in der Tasche
trage mein heimatloses Land.

Wenn ich heute als Vorsteher des Börsenvereins des Deutschen Buchhandels gleich zu Beginn ein Gedicht vortrage, geschieht dies mit der Absicht, der Literatur und der Poesie in dieser Feierstunde Raum zu geben.

Das von mir vorgetragene Gedicht von Rose Ausländer, eine der bedeutendsten, aber leider auch beinahe vergessenen Lyrikerinnen des 20. Jahrhunderts, ist von brennender Aktualität. Es drückt die Lebenserfahrung und Lebensgeschichte einer Geflüchteten aus. Rose Ausländer hat dreimal ihre Staatsangehörigkeit verloren, war ständig auf der Flucht, litt unter ihrer Heimatlosigkeit und steht damit stellvertretend für eines der drängendsten, aber ungelösten Probleme unserer Zeit: Flucht und Vertreibung. Millionen Menschen, und es werden immer mehr, fliehen vor Krieg und Hunger, suchen nach sicheren Orten. Sie geben alles auf, was sie haben, nicht nur ihre Heimat, sondern häufig auch ihre Identität und das Zugehörigkeitsgefühl zu einem kulturellen Kollektiv. Und wir alle wissen es ganz genau: Die Umstände, die diese Menschen zur Flucht zwingen, sind auch von uns, die wir in Sicherheit, in Wohlstand und in Frieden leben, mit verursacht.

Natürlich können Gedichte, kann die Poesie nicht dabei helfen, die Probleme unserer Welt zu lösen. Aber die Poesie ist sowohl für die Dichtenden, wie auch für die Lesenden, eine Ausdrucksform, das Leid der Welt zu beschreiben und vor allem in Erinnerung zu halten. Nichts wüssten wir von Odysseus, dem wohl prominentesten Flüchtling der Menschheit, wenn Homer nicht seine berühmten Epen über ihn geschrieben hätte. Troja wäre ein Ort wie viele und sicher ohne besondere Bedeutung, wenn wir nicht durch Homer von seiner Zerstörung und vom Schicksal seiner Bewohner erfahren hätten. Und das Schicksal von Rose Ausländer und anderer würde uns nicht so anrühren, hätte sie es nicht in ihren Gedichten der Nachwelt mitgeteilt.

◇

»Nur von den Dichtern erwarten wir Wahrheit, nicht von den Philosophen, von denen wir Gedachtes erwarten.« Von Hannah Arendt, die 1958 hier an diesem Ort die Laudatio auf Karl Jaspers gehalten hat und von der die diesjährige Preisträgerin stark beeinflusst wurde, stammt dieses Zitat. Denn tatsächlich geht von der Poesie eine Wirkung aus, die uns emotional anrührt und uns zu intensivem Nachdenken anregen kann. Und dass Poesie schon immer auch subversiv, Machthabern und Diktatoren suspekt war – das sieht man beispielsweise an den aktuellen Entwicklungen in der Türkei oder in Russland. Intellektuelle, Schriftstellerinnen und Schriftsteller, Künstlerinnen und Künstler werden als erste weggesperrt werden, nicht aus Angst vor ihren Waffen, sondern vor der Macht ihrer Worte. Die Werke vieler deutscher Dichter wurden im Dritten Reich aus Furcht vor ihrer Wirkung verbrannt. Und die historischen Zeugnisse, die prachtvollen Tempelanlagen, Gräber und Theater von Palmyra, wurden von Terroristen zerstört, um das kulturelle Gedächtnis einer ganzen Region zu vernichten und sie durch Gewalt und Krieg sprachlos zu machen.

Carolin Emcke macht uns klar, dass es einen Zusammenhang zwischen Gewalt und Sprache und Gewalt und Sprachlosigkeit gibt. »Wenn Opfer von Gewalt«, so Carolin Emcke in ihrem Buch *Weil es sagbar ist*, »das, was ihnen widerfahren war, nicht erzählen könnten, würden Diktatoren und Folterer obsiegen.« Sie schreibt das auf, was andere ihr erzählen, was sie selbst erfahren hat und was sie dabei empfindet, nämlich oft Angst, Wut und Hilflosigkeit. Ihre Reportagen und Briefe über ihre Reisen zu den Brennpunkten der Welt sind somit mehr als nüchterne Berichte. Sie rufen uns immer wieder und neu ins Gedächtnis, dass die Welt in Aufruhr ist, dass es an allen Ecken und Enden brennt.

Auch der Friedenspreis des Deutschen Buchhandels lebt von der Sprache und setzt mit den Reden seiner Preisträger Zeichen für Frieden und Verständigung. Wenn wir keine Dichter und keine Schriftsteller hätten, die über Leid und Krieg sowie Hoffnung und Frieden sprechen, würde unsere Gesellschaft arm sein. Veränderung zum Guten kann nur entstehen, wenn man Menschen mit Sprache erreicht, sie berührt, etwas in ihnen anspricht, was sie zum Nachdenken und zum Handeln bringen kann. Sie kann aber auch deutlich machen, wo die Grenzen der eigenen Vorstellungskraft liegen, wenn wir beispielsweise von der Begegnung Carolin Emckes mit einem kleinen haitischen Waisenjungen erfahren, der ihren Fotografen in der zerstörten Welt Haitis fragt: *Do you want to be my daddy?* Was, so fragt man sich, wenn man solches liest und hört, muss dieser Junge erlitten haben, dass er um einen *daddy* betteln muss. Mehr Trostlosigkeit kann man wohl kaum erfahren.

◇

Seyla Benhabib, die Laudatorin von Carolin Emcke, hat ebenfalls über Flucht und Migration geschrieben und gelehrt; auch sie hat über Hannah Arendt geschrieben, deshalb erlaube ich mir zum Abschluss, nochmals die große Denkerin und Philosophin des letzten Jahrhunderts zu zitieren, die uns und all jene nachdenklich machen sollte, die allzu schnell und reflexhaft aus der privilegierten Position der Sicherheit und des Wohlstands über Flüchtlinge urteilen. In ihrem immer noch aktuellen Essay vom Januar 1943 *Wir Flüchtlinge* schreibt Hannah Arendt: »Wir haben unser Zuhause und damit die Vertrautheit des Alltags verloren. Wir haben unseren Beruf verloren und damit das Vertrauen eingebüßt, in dieser Welt irgendwie von Nutzen zu sein. Wir haben unsere Sprache verloren, mit ihr die Natürlichkeit unserer Reaktionen, die Einfachheit unserer Gebärden und den ungezwungenen Ausdruck unserer Gefühle.«

Ich wünsche mir, dass mehr Gedichte von Rose Ausländer, mehr Texte von Hannah Arendt und auch die Berichte und Bücher von

Carolin Emcke in unseren Schulen, Universitäten und Wohnzimmern gelesen werden – es könnte dazu beitragen, dass wir einen anderen, einen genaueren Blick auf unsere Welt bekommen und vielleicht etwas mehr an Demut gewinnen.

Heinrich Riethmüller

President of the German Publishers
and Booksellers Association

Nobody
I am king nobody
carry my no-man's-land in my suitcase

Travel with a foreigner's passport
from sea to sea

Water your blue
your black eyes
the colorless

My pseudonym
nobody
is legitimate

Nobody suspects
that I am a king
and in my suitcase
carry my homeless land.

As Chairman of the Börsenverein, if I start my welcome address with a poem, then it is with a purpose, namely to give space to literature and poetry in this celebratory hour.

The poem I just recited is by Rose Ausländer, one of the most important yet almost forgotten poets of the 20th century. This poem of hers remains highly relevant today. It expresses the experience and life story of a refugee. Rose Ausländer lost her citizenship three times, she had to flee repeatedly and was often homeless; thus she stands as a representative of one of the most urgent but unresolved problems of our time, namely the expulsion and displacement of peoples. Millions of individuals – and the numbers are growing – are fleeing war and hunger in search of a safe place. They give up everything they have, and this includes their homeland but also often their identity and a sense of belonging to a cultural collective. And we all know; the conditions that are forcing these people to flee are partly our own doing; we, the people who live in security, in peace and in prosperity.

Of course, poems and poetry cannot help solve the problems of our world. But poetry is nevertheless a form of expression, both for poets and readers: that is, it is a way of describing the sufferings of the world and keeping them alive in our memories. We would know nothing of Odysseus – possibly the most famous refugee in humanity – if Homer hadn't written his famous epics. Troy would merely be one site among many and surely have no meaning had Homer not written of its destruction and the fate of its inhabitants. In turn, the fate of Rose Ausländer and others would not touch us as much had she not described it in her poetry and preserved it for posterity.

◇

»Only from poets do we expect truth, not from philosophers. From philosophers, we expect conceptual thought.« These are the words of Hannah Arendt, who gave the speech honoring Karl Jaspers here in 1958 and who had a tremendous influence on this year's prize-winner. To be sure, poetry causes an effect that touches us emotionally and can stimulate us to think. Indeed, the fact that poetry has always been subversive and suspicious to rulers and dictators can be seen in current events, for example, in Turkey or Russia. Intellectuals, writers and artists are the first to be locked away, not out of fear of their weapons but of the power of their words. In the Nazi era, the work of many German poets was burned out of fear of its potential impact. More recently, the historical testimonies and magnificent temples, tombs and theaters of Palmyra were destroyed by terrorists in an attempt to wipe out the cultural memory of an entire region and to rob it – by means of violence and war – of its ability to speak.

Carolin Emcke makes it clear to us that there is a connection between violence and speech, between violence and voicelessness. In her book *Weil es sagbar ist* (*Because it Can be Said*), she writes, »If victims of violence were not able to speak of what was done to them, then dictators and torturers would win.« Carolin Emcke writes down what other people tell her, but also what she feels in the process, which is often fear, rage and helplessness. Her reportages and letters from her travels to some of the greatest conflict areas in the world are thus more than just the result of sober reporting. They remind us again and again that the world is in turmoil, indeed that it is on fire wherever we look.

The Peace Prize of the German Book Trade, too, depends on speech, and the speeches given by its prizewinners send out signals of peace and understanding. If we had no poets or writers who spoke of pain and war and hope and freedom, our society would be a very poor one indeed. Change for the good can only happen if we reach people via speech, that is, if we connect with them, speak to them and inspire them to think and act. Speaking can, however, also reveal the borders of our own imaginations: for example when we read about Carolin Emcke's meeting with a small Haitian orphan who asks Emcke's photographer amidst the destroyed landscape of Haiti: *Do you want to be my daddy?* When we read and hear this, it is difficult to imagine what this child must have gone through for him to be pleading for a new *daddy*. It is hard to think of an experience more despairing than this.

◇

Seyla Benhabib, who will give the speech honoring Carolin Emcke today, has also written and taught on migration and displacement. She, too, has written on Hannah Arendt, which is why I will allow myself, in conclusion, to once again quote this great thinker and 20th century philosopher whose words should make us think – especially those of us who judge refugees all too fast in a knee-jerk reaction from a position of privilege, security and prosperity. In her still highly topical essay from January 1943 titled *We Refugees*, Hannah Arendt wrote: »We lost our home, which means the familiarity of daily life. We lost our occupation, which means the confidence that we are of some use in this world. We lost our language, which means the naturalness of reactions, the simplicity of gestures and the unaffected expression of feelings.«

I would love to see more poems by Rose Ausländer, more texts by Hannah Arendt and more reports and books by Carolin Emcke taught in our schools and universities; it might help us acquire a different, more precise look at our world – and perhaps a little bit more humility.

Translated into English by The Hagedorn Group

Peter Feldmann

Oberbürgermeister der Stadt
Frankfurt am Main

Im Namen der Stadt Frankfurt begrüße ich Sie sehr herzlich zur Verleihung des diesjährigen Friedenspreises des Deutschen Buchhandels an Carolin Emcke! Im Namen dieser stolzen Bürgerstadt Frankfurt, der sich der Tradition des Buchhandels, ihrer Messen mit ihrer Internationalität und ihres Wohlstands sehr bewusst ist. Es lebt. Aber was dieser Stadt noch bewusster ist und was sie mit Begeisterung lebt, ist die Tradition der Paulskirche.

Der Ort, an dem diese Auszeichnung alljährlich vergeben wird, ist die Wiege der Demokratie in Deutschland. »Cradle of German democracy«, wie John F. Kennedy hier sagte. In unserer Frankfurter Paulskirche tagte 1848 das erste frei gewählte nationale Parlament. Demokratie und Frieden sind untrennbar miteinander verbunden – das eine ist nicht ohne das andere zu haben, meine Damen und Herren.

Dass wir heute in einem weitgehend friedlichen, demokratischen Europa leben, verdanken wir nicht zuletzt der Europäischen Union, deren aktuelle Krisen uns zu Recht zutiefst beunruhigen. Jenseits der – politischen wie geographischen – Grenzen unseres Kontinents zeigt sich ein anderes, oft schlimmeres Bild.

◇

Anfang August schrieben Sie, verehrte Frau Emcke, in der *Süddeutschen Zeitung*: »Jeden Tag dringen schreckliche Nachrichten und Bilder zu uns. Die Menschen aus Syrien, die hier Zuflucht gefunden haben, erzählen von Eltern, Geschwistern, Freunden, die allein ausharren in den Wirren des Krieges, Woche für Woche, Monat für Monat – und *kein Frieden nirgends*.«

Syrien ist aber kein Einzelfall – *kein Frieden nirgends*. Noch nicht einmal in Deutschland, wo es auch genügend nationalistische Fanatiker gibt, die das politische und gesellschaftliche Klima zu vergiften versuchen wie unlängst ausgerechnet am Tag der Deutschen Einheit und, wie wir in Frankfurt sagen, der Demokratie selbstverständlich. Deshalb appellieren Sie unablässig an Aufklärung, Moral und Humanität. Frau Emcke, Sie tun dies nicht mit einem erhobenen Zeigefinger, nicht moralinsauer, nicht mit dem Pathos, sondern schlicht und ergreifend dadurch, dass Sie die Dinge zeigen und benennen, wie sie einfach sind. Der schrecklichen Realität des Krieges, dem Aufkeimen der Menschenfeindlichkeit und des Ressentiments mitten unter uns setzen Sie das Wort, Ihr Wort entgegen.

Gegen den Hass, so der programmatische Titel Ihres jüngsten Buchs, in dem Sie an die Werte einer offenen Gesellschaft, unserer offenen Gesellschaft, zu Recht erinnern. An die Werte, die wir verteidigen. Solange wir in einer Welt leben, in der überall Krieg herrscht, *kein Frieden nirgends*, braucht es Stimmen, die Frieden und Menschlichkeit anmahnen. Frau Emcke, Stimmen wie die Ihre!

Am Donnerstag sagten Sie auf der Buchmesse unter großem Applaus, Vielfalt ist ungeheurer Reichtum. Sie plädierten leidenschaftlich dafür, dies denjenigen, die Vielfalt in unserem Land abschaffen wollen – religiöse Vielfalt, sexuelle Selbstbestimmung, politischen Pluralismus, wie Sie es wunderschön gesagt haben –, immer wieder um die Ohren zu hauen. Wir, unsere Stimmen, müssen lauter klingen als die der Nationalisten und Hassprediger. Liebe Frau Emcke, in dieser Frankfurter Paulskirche wird Ihre Stimme widerhallen und Ihr Ruf gegen den Hass Gehör finden. Denn Sie sind in der Stadt, in der Platz ist für vieles, aber – da sind wir uns einig – nicht für Ausländerfeindlichkeit, Ressentiments, Rassismus, Ausgrenzung und Antisemitismus. Und deshalb nochmals: Solange wir in einer Welt leben, in der überall Hass und Krieg herrscht, *kein Frieden nirgends*, braucht es Stimmen, die Frieden und Menschlichkeit anmahnen. Sie sind eine der Wortführerinnen.

◇

Verehrte Frau Emcke, unsere gesamte Stadt gratuliert Ihnen zum Friedenspreis des Deutschen Buchhandels 2016!

Peter Feldmann

Lord Mayor of the City of
Frankfurt am Main

On behalf of the City of Frankfurt, I would like to welcome you to the presentation of this year's Peace Prize of the German Book Trade to Carolin Emcke! I welcome you in the name of this proud town of citizens, a city that is highly aware of its great tradition in the book trade, but also of its many other trade fairs with their international flair and, especially, of its own prosperity. It is alive and thriving. Yet another element of which this city is most aware – and something it lives out with enthusiasm – is the tradition of the Church of St. Paul.

The building in which the Peace Prize is handed out each year is the »Cradle of German democracy«, as John F. Kennedy referred to it many years ago. In 1848, here in the Church of St. Paul, the first freely elected legislative body in Germany met for the first time. Peace and democracy are inextricably linked – one is not possible without the other, ladies and gentlemen.

Today, we live in a largely peaceful and democratic Europe, a fact that is not least thanks to the European Union, whose current crises are a justifiable cause of concern for this very reason. Beyond our continent's borders – *both political and geographical* – we also see an utterly different, often far worse picture.

◇

In August, dear Carolin Emcke, you wrote in the *Süddeutsche Zeitung*: »Each day brings terrible news and terrible images. People from Syria who have found refuge here speak of parents, siblings and friends who are holding out alone amidst the turmoil of war, week after week, month after month – with *no peace anywhere.*«

But Syria is not an isolated case – *no peace anywhere*. Not even in Germany, where there are enough religious and nationalist fanatics trying to poison the political and social climate, as they did most recently on the Day of German Unity, of all days, and, as we say in Frankfurt, where democracy goes without saying. Precisely for this very reason, you, dear Carolin Emcke, continue to plead for enlightenment, ethical behavior and humanity. Instead of raising your index finger in admonishment – that is, with the opposite of an obtrusive and meddling tone – you simply name things and show them *as they are*. You counter the terrible reality of war and the surfacing of resentment and misanthropy amongst us with *words – your words*.

Against Hatred is the title of your most recent book, and in it you remind us of the values of our open society – values we need to safeguard today more than ever. As long as we live in a world where *war* is everywhere – *no peace anywhere* – we are going to need voices that call for *peace* and humanity. Voices such as yours!

At the Frankfurt Book Fair this past Thursday, you noted – to great applause – that diversity is tremendous wealth. You pleaded passionately for us to constantly bring to mind this wealth, especially in the face of those who seek to abolish diversity in our country, whether it be religious diversity, sexual self-determination or political pluralism, as you stated quite superbly. We, that is, our voices, must ring louder than those of the nationalists and preachers of hate. Dear Carolin Emcke, in this Frankfurt Church of St. Paul, your voice will ring out and your call to action against hatred will be heard. Because you are in a city where there is space for many things; however – and here we are in agreement – there can be no room here for xenophobia, resentment, racism, exclusion and anti-Semitism. And therefore, I would like to express the following one more time: as long as we live in a world in which hate and war are everywhere – *no peace anywhere* – we are going to need voices that remind us of peace and humanity. And you are one of these leading representatives.

◇

Dear Carolin Emcke, Frankfurt welcomes you and expresses its warmest congratulations on receiving the Peace Prize of the German Book Trade 2016!

Translated into English by The Hagedorn Group.

Seyla Benhabib

Die Erzählerin
als moralisches Zeugnis

Wer Carolin Emckes Buch – *Weil es sagbar ist. Über Zeugenschaft und Gerechtigkeit* (2013) – in die Hand nimmt, dem blickt vom Einband Paul Klees berühmter *Angelus Novus* entgegen. In der Neunten These seiner Abhandlung *Über den Begriff der Geschichte* bietet Walter Benjamin, der die Zeichnung 1921 erworben hatte, eine Interpretation an:

»Es gibt ein Bild von Klee, das Angelus Novus heißt. Ein Engel ist darauf dargestellt, der aussieht, als wäre er im Begriff, sich von etwas zu entfernen, worauf er starrt. Seine Augen sind aufgerissen, sein Mund steht offen und seine Flügel sind ausgespannt. Der Engel der Geschichte muß so aussehen. ... Er möchte wohl verweilen, die Toten wecken und das Zerschlagene zusammenfügen. Aber ein Sturm weht vom Paradiese her, der sich in seinen Flügeln verfangen hat und so stark ist, daß der Engel sie nicht mehr schließen kann. Dieser Sturm treibt ihn unaufhaltsam in die Zukunft, der er den Rücken kehrt, während der Trümmerhaufen vor ihm zum Himmel wächst. Das, was wir den Fortschritt nennen, ist *dieser* Sturm.«

Es ist aber nicht Benjamins geschichtsphilosophischer Pessimismus, der Klees Bild als Eintrittspunkt zu Carolin Emckes Werk empfiehlt. In ihren Texten finden sich weder historischer Pessimismus noch messianischer Optimismus. Was einem stattdessen von jeder Seite entgegenstrahlt, ist das Staunen im Gesicht des Engels der Geschichte, der mit weit aufgerissenen Augen und offenstehendem Mund seine Flügel ausspannt. Emcke wundert sich, dass die grausamen Dinge, die in Bürgerkriegen geschehen, überhaupt menschenmöglich sind; dass Folter, Vergewaltigung, Hiebe, Verstümmelung und Demütigung tatsächlich passieren. Auch wenn man, wie Benjamin sagt, das Zerschlagene nicht mehr zusammenfügen kann, so kann man es doch erlösen, indem man es erzählt. Carolin Emcke hat die Gabe, die Dinge so benennen und erzählen zu können, dass das Schweigen, in das sich Gewalt, Grausamkeit und Folter hüllen, durchbrochen wird. Es ist diese Gabe, die sie heute zu einer der einflussreichsten Intellektuellen unserer Zeit macht.

Wie die Begründung des Friedenspreises es ausdrückt, beschreibt Carolin Emcke »auf sehr persönliche und ungeschützte Weise, wie Gewalt, Hass und Sprachlosigkeit Menschen verändern können. Mit analytischer Empathie appelliert sie an das Vermögen aller Beteiligten, zu Verständigung und Austausch zurückzufinden«. Diese »analytische Empathie« lässt sich vor allem in Emckes meisterhafter Erzählkunst bestaunen. Walter Benjamins Aufsatz *Der Erzähler* bietet auch hier Aufschluss. Benjamin beginnt mit der Beobachtung, dass »Erfahrung im Kurse gefallen« sei. »Mit dem Weltkrieg begann ein Vorgang offenkundig zu werden, der seither nicht zum Stillstand gekommen ist. Hatte man nicht bei Kriegsende bemerkt, daß die Leute verstummt aus dem Felde kamen? nicht reicher – ärmer an mitteilbarer Erfahrung.« (104) Was bedeutet es, dass Erfahrung im Kurse gefallen ist? Zunächst einmal heißt es, dass die Kommunikation von Erfahrungen durch den Austausch von Informationen und Phrasen ersetzt wurde.

Emcke verweigert sich der Verarmung der Erfahrung durch das Schweigen und den bloßen Austausch von Information. Sie widersetzt sich der Sprachlosigkeit, die sowohl jene befällt, die gefoltert, verstümmelt, geschlagen und vergewaltigt wurden, als auch jene, die ihre eigene Ohnmacht unter Vortäuschung von Macht zu verstecken suchen. Als Erzählerin hat sie eine einmalige Synthese aus Reportage, philosophischer Reflektion, und literarischer Komposition geschaffen, durch die sie »moralisches Zeugnis« ablegen kann über menschliches Leid in gewaltsamen Konflikten, aber auch über andere Formen von Leid und Schweigen, die all jene verspüren, die anders sind, sei es sexuell, psychologisch, religiös oder ethnisch. Dadurch erlöst sie den Schmerz der Nicht-Sagbarkeit und bringt die Mauern des Schweigens und Leids zu Fall, hinter denen sich das Trauma des Unsäglichen auftürmt.

Man erinnere sich an den Anfang von *Stumme Gewalt. Nachdenken über die RAF*: wie langsam, wie vorsichtig, wie geduldig das Buch beginnt. Emckes Sanftmut und Behutsamkeit beschränkt sich nicht nur auf das Opfer – Alfred Herrhausen, ihr Patenonkel –, sondern bezieht auch den Taxifahrer mit ein, der nie bezahlt wurde, weil eine fassungslos benommene Carolin Emcke vom Tatort wegbegleitet wurde.

»Ich denke immer noch an den Taxifahrer. Es war bereits Mittag, als die Maschine aus London in Frankfurt landete. // Ich stieg in das erstbeste Taxi auf den Standstreifen im unteren Stockwerk des Flughafens und nannte dem Fahrer erklärungslos die Adresse in Bad Homburg. Er verzog keine Miene. // Dabei musste er wissen, *wessen* Haus das war. ... Wortlos nahm er mir meine alte, zerknautschte Ledertasche ab und verstaute sie im Kofferraum.« (9)

Einige Seiten später erfahren wir dann: »An meinen Taxifahrer habe ich gar nicht mehr gedacht. Er musste die ganze Zeit dort vor der Kreuzung gestanden haben, auf dem Bürgersteig. // Wie lange möchte das her sein? Wie lange hatte ich auf diesen – in die Luft gesprengten – Wagen gestarrt? Wie lange war ich abgetaucht?« (13)

In einem Buch, das sich mit einem der dunkelsten und immer noch nicht vollständig geklärten Kapitel Nachkriegsdeutschlands auseinandersetzt – mit all seinen Verbindungen zwischen der RAF, der Stasi, dem westdeutschen Verfassungsschutz und den Spionen und Provokateuren auf allen Seiten – mag meine Betonung derartiger narrativer Details unangemessen erscheinen. Doch es ist genau diese Kunst, sich einem Trauma indirekt zu nähern, ihre

Gabe zu Erinnerungsarbeit, die nie einem geraden Handlungs-strang entspricht, sondern sich vermeintlich unerheblichen Details widmet und unerwarteten Pfaden folgt, die Emcke zu einer wirklich großen *Erzählerin* macht.

In der Einleitung ihrer Essaysammlung *Weil es sagbar ist* erwähnt Emcke ihr Verzagen als junge Kriegsberichterstatterin angesichts der Unfähigkeit, »das Erlebte« vermitteln zu können. »Wie viel Zeit ist vergangen seit dem Erlebten, das es zu beschreiben gilt? Geht es um einen einzelnen Akt oder eine längere Phase? Ist es die erstmalige Suche nach Worten für das Geschehen? Ist es ein kreisendes, zögerndes, ein zielloses Sprechen? ... Oder gibt es Fragen, wohlmeinende oder argwöhnische, die dem Zeugen narrative Pfade bahnen?« (25) Mit dem gewaltsamen Tod ihres Patenonkels konfrontiert, bietet die abgekapselte Erinnerung an den Taxifahrer und an die im Kofferraum vergessene Ledertasche Emcke einen narrativen Pfad, um ihr Empfinden einer zeitlichen Zäsur zu vermitteln, die sie derartig in den Bann schlug, dass sie sich nicht mehr daran erinnern kann, wie lange sie den zerstörten Mercedes ihres Patenonkels wortlos angestarrt hat.

In einer ihrer schönsten Geschichten, der von Adem, einem bosnischen Flüchtling, schlägt sie einen ähnlichen narrativen Bogen, indem sie unsere Aufmerksamkeit auf Adems Schuhe lenkt. Sein Flüchtlingsantrag wird abgewiesen und er wird von Deutschland nach Belgrad abgeschoben, wo seine Staatsbürgerschaft aufgehoben, er zusammengeschlagen und dann wieder mit einem Flugzeug zurück nach Deutschland gebracht wird. Als Adem anfängt, seine Geschichte zu erzählen, sagt er: »›Ich hatte ganz neue Schuhe. Und sie waren teuer‹, wiederholte er noch einmal mit Nachdruck.« Emcke fragt: »Wann? Wozu? Was hatte das mit seiner Flucht aus Jugoslawien zu tun? Was mit seiner Zeit als schutzloser Asylbewerber in der Bundesrepublik, verfrachtet von einer Baracke, einem Flüchtlingsheim zum nächsten?« (38–39)

Sowohl Traumaforschung als auch Psychoanalyse verweisen als Folge eines Traumas auf die Schwierigkeit, das Geschehene einer Extremsituation im Gedächtnis zu entwirren. Gewalt und Zerstörung entkoppeln uns von unseren Erfahrungen. Trauma wirft unser Erinnerungsvermögen durcheinander und chiffriert es. Man kann sich einem Trauma nur langsam nähern, mit Sorgfalt, mit Teilnahme, mit »analytischer Empathie«, wenn das Opfer beginnt, sich der Wurzel des Schmerzes zu nähern und sich an das erfahrene Leid erinnert. Trauma wird sagbar, genau weil jemand das Geschehene in eine Geschichte einzuordnen weiß und es so erzählbar macht. Das ist nicht nur eine intellektuelle Herausforderung, sondern auch eine Form moralischer Interaktion mit dem Anderen – und eine hohe Kunstform. Hannah Arendts Worte über die dänische Schriftstellerin Karen Blixen lassen sich hier gut auf Emckes Mission anwenden: »›Alle Sorgen sind zu ertragen, wenn man sie in eine Geschichte packen oder eine Geschichte über sie erzählen kann.‹ Die Geschichte enthüllt die Bedeutung dessen, was sonst eine unerträgliche Folge bloßer Ereignisse bliebe.« (Hannah Arendt, *Menschen in finsteren Zeiten*, 124)

II.

Carolin Emckes frühe Kriegsreportagen und Reiseberichte aus dem Irak, Afghanistan, Bosnien, Haiti und Gaza, die in ihrem Buch *Von den Kriegen. Briefe an Freunde* gesammelt sind, erschienen in einem kritischen historischen Moment in der Nachkriegsgeschichte liberaler Demokratien. Aus den juristischen und moralischen Verwirrungen um den Begriff der »humanitären Intervention« entstand ein eigenes Genre, zu dem auch Michael Ignatieff, Philipp Gourevitch, David Rieff und andere beitrugen. Die Unterscheidung zwischen Reportage und moralisch-politischem Kommentar sprengend, trugen sie dazu bei, die Dilemmata und Heucheleien der humanitären Intervention offenzulegen: warum im Kosovo 1998–99, aber nicht in Ruanda 1994? Warum in Afghanistan 2001, im Irak 2003, in Libyen aber damals nicht, dafür dann aber ein Jahrzehnt später in 2011? Und warum heute nicht in Syrien? Viele sahen in diesen Kriegen die neo-imperialen Ambitionen des letzten Welthegemons, der Vereinigten Staaten. Aber das verkennt, dass diese Kriege auch den Menschenrechten und dem humanitären Recht Schaden zugefügt haben; einem Rechtssystem, das Nationalstaaten nach dem Zweiten Weltkrieg schufen und durch welches sie versprachen, dass Gräueltaten wie die der Jahre 1939–1945 sich nicht wiederholen würden. Der Missbrauch des Begriffs der humanitären Intervention durch die diplomatischen Tänze Tony Blairs, wie auch die Missachtung internationalen Rechts und internationaler Übereinkommen gegen Folter durch die Regierung George W. Bushs haben Menschenrechten und humanitärem Recht schwer zugesetzt. Fast fünfundzwanzig Jahre nach den Balkankriegen und dem Massaker in Ruanda leiden wir heute noch an einer juristischen und moralischen Verwirrung. Ein moralischer Nebel verschleiert unsere juristischen und ethischen Verpflichtungen gegenüber »leidenden Fremden«.

In ganz Europa rufen rechtsextreme und fremdenfeindliche Parteien zum Angriff auf internationales Recht und Menschenrechtskonventionen. Reaktionärer Nativismus und Nationalismus drohen die zerbrechlichen Institutionen internationaler Kooperation jenseits des Nationalstaates – wie die Europäische Union – zu zerstören. Das amerikanische Bekenntnis zum Internationalismus wird gleichzeitig durch die Rückkehr einer autoritären, patriarchalen Ideologie der »weißen Europäischen Abstammung« herausgefordert, die sich offen gegen die braunen und schwarzen Menschen dieser Welt stemmt – seien sie Syrer oder Mexikaner. Der Mythos des Nationalstaats als Alleinvertreter der Weltgeschichte wird heute von London bis Budapest und von Moskau bis zum Trump Tower in New York wieder heraufbeschworen.

Dabei wird außer Acht gelassen, dass die Genfer Flüchtlingskonvention von 1951 und ihr Protokoll über die Rechtsstellung der Flüchtlinge von 1967 zwei der wichtigsten rechtlichen Abkommen der Nachkriegszeit sind. Sie entsprangen aus der Anerkennung einer engen Verbindung zwischen Genozid und Staatenlosigkeit. Hannah Arendts Analyse des paradoxen »Rechts, Rechte zu haben«, zeigte eindringlich, wie Staatenlosigkeit, also der Verlust des persönlichen Schutzes durch ein anerkanntes politisches Gemeinwesen, das Individuum schutzlos der Verfolgung auslieferte. Menschenrechte, von denen wir annahmen, dass sie genau in diesen Momenten Menschen als Menschen beschützen würden, waren unter diesen Umständen wertlos. Als Arendt *Die Elemente und Ursprünge totaler Herrschaft* 1951 schrieb, hatte sie wenig Vertrauen, dass internationales Recht und internationale Institutionen adäquate Lösungen angesichts dieser Situation bieten könnten, obwohl durch sie das »Recht, Rechte zu haben« geschützt werden sollte, auch vor den vermeintlich souveränen Launen der Nationalstaaten. Dabei deklamierte die *Allgemeine Erklärung der Menschenrechte* schon 1948 in Artikel 13 das Recht auszuwandern, das heißt, ein Land zu verlassen und zurückkehren zu können. Artikel 14 verankert das Recht auf Asyl unter bestimmen Umständen, die durch die Genfer Konventionen weiter klargestellt wurden. Artikel 15 der *Menschenrechtserklärung* proklamiert das Recht auf Staatsangehörigkeit.

Obwohl das internationale Menschenrechtsregime wie auch das humanitäre Völkerrecht heute viel weiter entwickelt sind als zu Arendts Zeiten, befindet sich der Flüchtlingsschutz sowohl in der Theorie als auch in der Praxis in einer tiefen Krise. Die Genfer Konvention ist in erster Linie auf die Opfer des Naziregimes und auf politische Dissidenten zugeschnitten. Angesichts eines »allgemeinen Gewaltzustands«, wie wir ihn in Syrien beobachten und in der Vergangenheit in Zentralamerika und Südamerika beobachten mussten, werden Flüchtlinge nicht als Einzelpersonen verfolgt, sondern sind kollektive Opfer von Gewalttaten ihrer eigenen Regierung, Drogenbanden oder paramilitärischen Gruppierungen. In Anerkennung dieses kollektiven Flüchtlingszustands, der den Flüchtlingsbegriff der Genfer Konvention sprengt, wurde 1984 die Cartagena Erklärung von sämtlichen zentralamerikanischen Ländern sowie von Mexiko verabschiedet, die ausdrücklich jene Menschen mit einbezieht, die aus ihrem Land flüchteten, »weil ihr Leben, ihre Sicherheit oder Freiheit durch allgemeine Gewalt, Aggression von außen, innere Konflikte, massive Menschenrechtsverletzungen oder andere Umstände, die zu schweren Störungen der öffentlichen Ordnung geführt haben, bedroht ist«.

Die Europäische Union muss dieses vom Flüchtlingshilfswerk der Vereinten Nationen anerkannte Rechtsmittel in Betracht ziehen, um die Last zu mindern, die derzeit auf Erstaufnahmeländern, wie Griechenland, Italien und Spanien, aber vor allem auf den Flüchtlingen ruht, die dort festsitzen bis ihre Anträge aufgearbeitet sind. Während dieser Zeit befinden sich diese Menschen in einem Kafkaesken Zustand: sie stehen »vor dem Gesetz« und sind Gesetzen unterworfen ohne aber vor ihnen gleich zu sein.

Einige europäische Länder wie Ungarn, die Tschechische Republik, Österreich und Großbritannien haben sich inzwischen offen einem regressiven Souveränismus zugewandt. Sie bestehen darauf, in Verletzung der Genfer Flüchtlingskonvention, Flüchtlinge nach eigenem Ermessen zu behandeln, während ironischerweise eine zunehmend autokratische und diktatorische Regierung in der Türkei 2,7 Millionen Flüchtlinge aufnimmt.

Es ist wenig bekannt, dass die Türkei zwar Unterzeichner der Genfer Flüchtlingskonvention ist, aber als Flüchtlinge gemäß dem Abkommen nur jene anerkennt, die aus Europa geflohen sind und zwar auf Grund »der Ereignisse, die vor dem 1. Januar 1951« stattgefunden haben. Flüchtlinge, die aus außereuropäischen Gebieten in die Türkei kommen, werden von der türkischen Regierung nichts als Flüchtlinge gemäß der Genfer Flüchtlingskonvention eingestuft. Stattdessen fallen sie unter eine gesonderte türkische Direktive, die sogenannte »Temporäre Schutzverwaltung«. Die Erklärung Präsident Erdogans, sämtlichen in Frage kommenden syrischen Flüchtlingen die türkische Staatsbürgerschaft in Aussicht zu stellen, verkündet kurz vor dem Scheitern des Militärputschs am 15. Juli dieses Jahres, entspricht sicherlich der moralischen und politischen Hoffnung vieler Flüchtlinge. Aber die giftige Vermengung moralischer und realpolitischer Erwägungen, die die Flüchtlingsdiskussion heute plagt, findet sich auch in dieser politischen Geste. Präsident Erdogan, dessen Dominanz an der Wahlurne zum ersten Mal im Juni 2015 und dann erneut diesen Juni angefochten wurde, mag auf die syrischen Flüchtlinge mit der Hoffnung blicken, dass sie als Wählerblock mit nahezu einer Million Wahlberechtigten seinen Machtanspruch für die vorhersehbare Zeit sichern könnten.

III.

Carolin Emcke hat nicht nur über fremdes Leid geschrieben, sondern in ihren wöchentlichen Kolumnen als Journalistin auch regelmäßig auf die Notlage von Flüchtlingen verwiesen und uns so daran erinnert, dass ferne Fremde heutzutage unsere direkten Nachbarn sind, die sich unerwartet in unserem Land finden und denen wir besondere moralische Verpflichtungen schulden. Sie schreibt:

»Aber das ist es, was ich fordere: dass wir ein präziseres Vokabular entwickeln für unsere *Schmerzen an und in der Demokratie*, dass wir immer genauere, immer feinere, immer zartere Worte und Beschreibungen finden für das, was uns fehlt, dass wir die Begriffe, die uns verletzen, die Praktiken, die uns ausschließen, die Gesetze, die uns diskriminieren, übersetzen in Erfahrungen …, dass sie auch diejenigen verstehen, die sie nicht kennen, dass wir auf diese Weise erkennen, was das Gemeinsame sein kann und muss und was das Individuelle.« (177–178)

Schmerzen an und in der Demokratie! Das ist die weltweite Herausforderung heutzutage.

Liebe Carolin, lass mich abschließend sagen, dass wir uns vor über zwanzig Jahren in Frankfurt in den Seminaren von Professor Jürgen Habermas kennengelernt haben. Auch deswegen ist es eine ganz besondere Freude, Deine Person und Deine Errungenschaften in der Frankfurter Paulskirche zu feiern, in einer Stadt, mit der wir beide eng verbunden sind; in der ich mehr als zehn Jahre gelebt habe und in der meine Tochter 1986 geboren wurde. Ich feiere Dich heute nicht nur als öffentliche Intellektuelle, deren Worte und Schriften Dein Land ehren, sondern auch als eine liebe Freundin.

Zusammen mit Deiner Lebensgefährtin Silvia Fehrmann hast Du außerdem in Berlin an der Schaubühne seit inzwischen zwölf Jahren eine neue öffentliche Sphäre – den »Streitraum« – geschaffen, in dem debattiert und reflektiert werden kann.

Ich gratuliere Dir von ganzem Herzen zu diesem wohlverdienten Preis!

Aus dem Englischen übersetzt von Stefan Eich.

Seyla Benhabib

The Narrator
as Moral Witness

I.

Carolin Emcke's book, *Weil es sagbar Ist. Über Zeugenschaft und Gerechtigkeit* (2013) [*Because it can be said. On witness-bearing and Justice*], has as its title cover Paul Klee's famous painting – *Angelus Novus*. In Thesis IX of his *Theses on the Philosophy of History*, Walter Benjamin who had purchased the painting in 1921, provides an interpretation:

»A Klee drawing named Angelus Novus shows an angel looking as though he is about to move away from something he is fixedly contemplating. His eyes are staring, his mouth is open, his wings are spread. This is how one pictures the Angel of History ... The angel would like to stay, awaken the dead and make whole what has been smashed. But a storm is blowing from Paradise; it has got caught in his wings with such violence that the angel can no longer close them. The storm irresistibly propels him into the future to which his back is turned, while the pile of debris before him grows skyward. *This* storm is what we call progress.« (Thesis IX)

It is not Benjamin's historical pessimism that makes Klee's painting a plausible point of entry to understand Emcke's work. In her texts one neither finds historical pessimism nor messianic optimism. It is rather the astonishment on the face of the angel of history, who spreads his wings with »staring eyes,« and »open mouth« that shines forth on every page of her prose. Emcke is astonished that such things as take place in civil wars are humanly possible, that torture, rape, beatings, maiming and humiliation do really occur. Even though, as Benjamin says, one »cannot make whole what has been smashed,« one can redeem it by narrating it. It is this capacity to »say« it, to tell a story about it by refusing the silence that surrounds violence, cruelty and torture that distinguishes Emcke's prose and makes her one of the most influential intellectuals of our times.

As the text of the *Friedenspreis* [Peace Prize] states, Carolin Emcke describes »in a very personal and vulnerable manner, how violence, hate and speechlessness can alter human beings. With analytical empathy, she appeals to the capacity of all concerned, to find their way back to mutual understanding and communication.« This »analytical empathy« is exercised by Emcke through her masterful art of narration. Walter Benjamin's essay *Der Erzähler (The Story Teller)* can once more serve as a guide to Emcke's craft. Benjamin begins with the observation that »experience has fallen in value.« »With the First World War a process began to become apparent which has not halted since then. Was it not noticeable at the end of the war that men returned from the battlefield grown silent – not richer but poorer in communicable experience?« (362) What does it mean to say that »Experience has fallen in value?« In the first place it means that the communicability of experience has been replaced by information and by phrases.

Throughout her work, Emcke resists this impoverishment of experience through the silences that surround it; she rejects the speechlessness that is inflicted on those who have been tortured, maimed, beaten, and raped by those in power or by those who hide their own impotence through the pretense of having or being in power. Emcke, as *story teller*, has developed a unique blend of reportage, philosophical reflection, and literary construction through which she »bears moral witness« to human pain in armed conflict situations but also to another kind of pain and silence experienced by those who are different – different sexually, psychologically, religiously, ethnically. Such narrative redeems the pain of the untold; breaks down the walls of silence and hurt which create the trauma of the unsayable.

Recall the opening pages of *Stumme Gewalt. Nachdenken über die RAF [Raw Violence. Thoughts on the RAF]*: how slowly, how carefully, how patiently the story begins. It exhibits a gentleness not only toward the victim, Alfred Herrhausen, who was Carolin Emcke's »Patenonkel« [Godfather], but toward the taxi driver, who never was paid, as a stunned Carolin Emcke was removed from the scene.

»I am still thinking about the taxi driver. It was almost noon as the airplane from London landed in Frankfurt. I took the first best taxi in the ground floor of the airport and named without further explanation the address in Bad Homburg. He betrayed no expression on his face. However, he must have known *whose* house that was ... Without a word, he took my old, worn-out leather bag and placed it in the trunk.« (9)

A few pages later, we are told, »I hardly thought about the taxi driver any more. He must have stood there the whole time on the pavement at the intersection. How long could that have been? How long had I stared at this car [meaning the car of Herrhausen, SB] How long had I lost myself in my own thoughts?« (13)

My emphasis on such narrative details in a work which deals with one of the darkest, and still not wholly explained, chapter of post-war Germany, with its obscure connections between the RAF, the Stasi, the Verfassungsschutz (Agency for the Protection of the Constitution) and spies and provocateurs of all sides, may seem inappropriate. Yet it is precisely Emcke's art of approaching trauma through indirection, through the work of memory which never proceeds as a single coherent story-line, but which meanders, wanders down unexpected trails and focuses seemingly on insignificant details – it is this craft that makes her into a masterful »story teller.«

In the introduction to her essay collection, *Weil es sagbar ist. Über Zeugenschaft und Gerechtigkeit*, Emcke tells of her despair as a young war reporter at her own incapacity to be able to tell of »dem

Erlebten.« »How much time has lapsed since the lived experience which must be described? Was it a single act or a longer episode? Is it the first search for words for what has taken place? Is it a repetitive, hesitant, purposeless form of speaking? ... Or are there questions, well-meaning or suspicious ones which serve the witness as a narrative path?« (25) Just as for Emcke herself, confronted with the violent death of her Patenonkel, the disconnected recollection about the taxi driver serves as a »narrative path« to structure the caesura in time, of such a nature that she can no longer recall how many minutes she stood staring at her uncle's destroyed Mercedes, in one of the most beautifully told stories of Adem, a Bosnian refugee, it is his shoes that constitute the narrative trail. Adem's refugee application is denied and he is returned from Germany to Belgrade, where his citizenship is revoked, he is beaten up, and then put on the plane back to Germany again. As Adem begins to tell his story, he says »I had brand new shoes. And they were expensive,‹ he said emphatically.« She asks, »When? Why? What have all this to do with his escape from Yugoslavia? What did it have to do with his time as an asylum applicant without any protection in Germany, where he was cooped up in barracks, transported from one refugee home to another?« (38–39)

Trauma research as well as psychoanalysis establish that the inability to sort out what has happened in extreme situations constitutes the core of the trauma; violence and destruction in extreme situations lead to a dissociation (Entkoppelung) from former experience. The trauma scrambles one's memory and can only be approached slowly, with care, with sympathy, through the patient listening to the voice of the other, »with analytical empathy,« as the victim begins to approach the site of pain and hurt. Trauma is sayable precisely because someone can form the sayable into an intelligible narrative that can be shared with others. This is not only an intellectual exercise but a form of moral interaction with the other as well as an art form. Hannah Arendt's words about Isak Dinesen, alias the Danish storyteller, Karen (Tania) Blixen, captures very well Emcke's mission: »›All sorrows can be borne if you put them into a story or tell a story about them.‹ The story reveals the meaning of what would otherwise remain an unbearable sequence of sheer happenings.« (Hannah Arendt, *Men in Dark Times*, 104)

II.

Carolin Emcke's early war reportages and travels through Iraq, Afghanistan, Bosnia, Haiti, Gaza, etc. collected in her book, *Echoes of Violence: Letters from a War Reporter*, appeared at a moment when the legal and moral confusions of liberal democracies around »humanitarian interventions« produced a distinctive genre of writing by Michael Ignatieff, Philipp Gourevitch, David Rieff and others. Scrambling the distinctions between reportage and moral and political commentary, these authors helped spell out the dilemmas and hypocrisies of humanitarian interventions: why not in Rwanda in 1994 but in Kosovo in 1998–99? Why in Afghanistan in 2001, and Iraq in 2003 and in Libya not then but two decades later in 2011? And why not Syria today? While many have interpreted these wars as the neo-imperial ambitions of the world's last hegemon, namely, the United States, they have ignored that a body of human rights and humanitarian law through which nation-states in the post- World War II period promised that atrocities like those of the years 1939–45 would never be repeated, has also been damaged in the process. The abuse of the concept of humanitarian interventions through the diplomatic dances of a Tony Blair, as well as the violation of international law and of the International Conventions prohibiting torture through the G. W. Bush administration have led to grave damage to human rights as well as humanitarian law. We are in the midst of such legal and moral confusions, that today, nearly twenty-five years after the Balkan Wars and the Rwanda massacre, we live in a moral mist about our moral, legal and ethical obligations to »suffering strangers.«

All across Europe, right-wing and xenophobic parties have mounted an attack on international law and human rights conventions. A reactionary nativism and nationalism threatens to destroy the fragile institutions of cooperation and post-sovereigntism, such as the European Union. The United States' commitment to internationalism is being challenged by the return of an authoritarian, patriarchal ideology of the »white European stock« versus the brown and black people of the world – be they Mexicans or Syrians. The myth of the nation-state as the sole agent of world-history is being revived from Moscow to Trump's New York towers and from London to Budapest.

Among the most important legal conventions of the post-war period, articulated in recognition of the deep links between genocide and statelessness, are the Geneva Conventions on Refugees of 1951 and their 1967 Protocols. Hannah Arendt's analysis of the paradoxes of »the right to have rights« in *The Origins of Totalitarianism* acutely showed how »statelessness,« that is the loss of protection by a recognized legal entity, left the individual so vulnerable to persecution. Human rights, which we assumed were intended to protect human beings insofar as they were human beings alone, were rendered nugatory in this condition. In 1951, when the *Origins of Totalitarianism* was first written, Arendt had little faith that international law and international institutions could offer solutions to this situation. However, already The Universal Declaration of Human Rights (1948), in Article 13, guaranteed the right to emigrate, that is to leave a country and to be able to return to it. Article 14 anchored the right to enjoy asylum, under certain conditions, which were further clarified by the Geneva Conventions. Article 15 of the Declaration proclaimed that everyone has »the right to nationality« and that »No one shall be arbitrarily deprived of his nationality nor denied the right to change his nationality.«

Although international human rights law as well as humanitarian law, are much more developed than in Arendt's time, today the theory and practice of refugee protection are in crisis. The definition of a Convention refugee was in the first place tailored to those persecuted by the Nazi regime and political dissidents. But under »generalized conditions of violence,« as we see in Syria and have witnessed in the past in Central and South America, refugees are not singled out as individuals but are subject as a group either to violence from their own government or by drug gangs and the para-military. In recognition of this condition that does not easily fit the one envisaged by the Geneva Conventions, in 1984 the Cartagena Declaration on Refugees was adopted by Central American countries as well as Mexico. This declaration states that »among refugees [are included] persons who have fled their country because their lives, safety or freedom have been threatened by generalized violence, foreign aggression, internal conflicts, massive violation of human rights or other circumstances which have seriously disturbed public order.«

The European Union should take into account this legal instrument which is also recognized by the UNHCR in order to alleviate the burden on »first countries of entry« such as Greece, Italy and Spain. Above all those refugees who are in the waiting period while their applications are being considered live in a kafkaesque situation: they stand »before« the laws and are subjected to them without, however, being equal in the »eyes of the law.«

Countries such as Hungary, the Czech Republic, Austria and the UK have resorted to a regressive sovereigntism in violation of the Geneva Conventions to deal with refugees as they see fit. Acts of unilateral border closings are declared with sovereign impunity, while ironically an increasingly autocratic and dictatorial government in Turkey is housing 2.7 million refugees.

It is little known that although Turkey subscribes to the Geneva Conventions, it recognizes as a Convention refugee only those originating from European territories prior to the »events occurring before 1 January 1951.« Refugees coming to Turkey from non-European territories are not regarded as Convention Refugees by the Turkish government. They fall under a Turkish directive called »The Temporary Protection Administration.« President Erdogan's declaration to grant citizenship to eligible Syrian refugees, made shortly before the July 15 failed military coup of this summer, is certainly the morally and politically desired outcome for refugees. However, the poisoned mixture of moral and real-political considerations which has afflicted the refugee discussion in our times is visible in this gesture as well. President Erdogan, whose electoral dominance was first challenged in last summer and then again this summer, may be looking upon the Syrian refugees as a permanent majority of close to one million voters, who would secure his hold on power.

III.

Carolin Emcke has written not only about the »suffering of distant strangers,« but in her weekly columns as a journalist, she has regularly commented on the plight of refugees, reminding us that distant strangers are now our neighbors next door, who have come upon our lands and to whom we owe special moral obligations. She writes:

»But this is precisely what I am urging: that we develop a precise vocabulary for *our suffering for and in democracies*. We have to find increasingly more precise, more polite, more gentle words and description for what we are lacking; that we translate the concepts that hurt us, the practices that exclude us, the laws that discriminate against us into experiences that can also be understood by those who don't know understand them, who are not familiar with them; that we thereby come to know what can be shared by all and what remains for the individual ...« (178, *Weil es sagbar ist.*)

Suffering for and in democracies! This is our world-wide challenge today.

Dear Carolin, in conclusion, let me say that we met and got to know each other more than twenty years ago in Jürgen Habermas's seminars at the Frankfurt University. Thus it is such a special occasion to celebrate your person and your achievements in Frankfurt's Paulskirche, in a city to which we both have such deep attachments, where I lived for more than ten years and where my daughter was born. I celebrate you today not only as a public intellectual whose words and whose writing honor your country, but also as a dear friend.

Together with your partner Silvia Fehrmann, since 12 years, you have created a new public sphere of reflection and debate in Berlin's Schaubühne, as well.

I congratulate you heartily for this well-deserved prize!

Carolin Emcke

Anfangen

I.

Wow. So sieht es also aus dieser Perspektive aus ...

All die ersten Jahre, seit der Auszeichnung an George F. Kennan 1982, schaute ich die Verleihung des Friedenspreises von unten nach oben: Meine Eltern hatten eigenwilligerweise nur zwei Fernseh-Sessel, Kinder mussten sich unterhalb arrangieren und so lag ich auf dem Teppich und hörte gebannt die Reden der Preisträger. Ich sage »Preisträger«, denn die ersten dreizehn Jahre, die ich von unten nach oben blickte, waren es ausschließlich Männer. Auch als ich längst eine eigene Wohnung hatte, behielt ich dieses Ritual bei: Ich betrachtete den Friedenspreis vom Fußboden aus. Irgendwie schien das auch angemessen zu sein. Seit der Preisverleihung an David Grossman saß ich dort, wo Sie jetzt sitzen. Letztes Jahr noch bin ich mit einem Freund am Vorabend der Verleihung nachts in den Festsaal im Frankfurter Hof geschlichen, um die Tischordnung für das Festessen zu manipulieren ... (wobei wir peinlicherweise erwischt wurden) und jetzt *das hier* ...

Meine Damen und Herren, ich bedanke mich beim Stiftungsrat des Börsenvereins des Deutschen Buchhandels für diese Auszeichnung. Sie erfüllt mich mit tiefer Dankbarkeit und einem glücklichen Staunen.

Niemand wächst allein. Einige, die vor mir hier an dieser Stelle standen, waren für mein Denken existentiell. Die Werke vieler Friedenspreisträger*innen, aber auch die Begegnung mit manchen haben mich zu der gemacht, als die ich heute vor Ihnen stehe: Martin Buber und Nelly Sachs, David Grossman und Jorge Semprún, und in besonderer Weise Jürgen Habermas und Susan

Sontag. Nach ihnen in einer Reihe zu stehen, lässt mich diesen Preis weniger als Auszeichnung denn als Aufgabe begreifen.

Niemand schreibt allein. Zwei Menschen waren für mein Schreiben unverzichtbar und ihnen möchte ich ausdrücklich danken: der Photograph und Freund Sebastian Bolesch, der mich über 14 Jahre auf allen Reisen ins Ausland begleitet hat und ohne den kein Text so entstanden wäre. Und mein Verleger und Lektor Peter Sillem vom S. Fischer Verlag, der mich seit dem ersten Manuskript über alle Zweifel hinwegträgt und ohne den kein Buch so erschienen wäre. Vielen Dank.

II.

Nicht alle, aber viele, die vor mir hier standen, haben nicht allein als Individuen, sondern sie haben auch als Angehörige gesprochen. Sie haben sich selbst verortet in einem Glauben oder einer Erfahrung, in der Geschichte eines Landes oder einer Lebensform – und darauf reflektiert, was das heißt, als chinesischer Dissident, als nigerianischer Autor, als Muslim, als Jüdin hier in der Paulskirche zu sprechen, in diesem Land, mit dieser Geschichte.

Für diejenigen, die hier oben, mit dieser Perspektive sprechen durften, bedeutete es oft auch, aus und von einer besonderen Perspektive zu erzählen. Sie wurden ausgezeichnet, weil sie sich für ein universales Wir einsetzten – und doch haben sie oft auch als Angehörige einer bedrängten Gruppe, eines marginalisierten Glaubens, einer versehrten Gegend gesprochen.

Das ist durchaus bemerkenswert, denn es ist keineswegs gewiss, was das heißt: angehörig oder zugehörig zu sein.

Das moderne hebräische Wort für »angehören«, »*shayach*«, stammt ursprünglich aus dem Aramäischen – ist gleichsam zugewandert, aus einer Sprache in eine andere, um dann ironischerweise die Bezeichnung für »Angehörigkeit« zu bilden. Das Wort *shayach* verweist auf nichts anderes. Anders als die meisten anderen Begriffe im Hebräischen birgt es in sich keine Anteile eines anderen. Es gehört gleichsam sich selbst. Etwas als *shayach* zu bezeichnen, bedeutet: es ist relevant, angemessen, wichtig. Das wäre eine schöne Spur: sich zugehörig zu zählen zu einem Glauben oder einer Gemeinschaft, hieße: ich bin für diese Gemeinschaft relevant, in ihr zähle ich als wichtiges Element.

Aber Angehörigkeit lässt sich auch in die andere Richtung denken: nicht nur ich bin für diese Gemeinschaft wichtig, sondern auch der Glaube für mich. Jüdisch zu sein oder katholisch oder muslimisch, das macht etwas aus. Es strukturiert mein Denken, meine Gewohnheiten, meinen Tag. Almosen zu geben, das gehört zu den einen, wie das Beten bei Tisch oder das Anzünden der Kerzen zu den anderen.

Im Deutschen kennt der Begriff »gehören« mehrere Verwendungen: i) jemandes Besitz zu sein, aber auch ii) Teil eines Ganzen zu sein, zu etwas zu zählen, sowie iii) »gehören« als an einer bestimmten Stelle passend zu sein und iv) für etwas erforderlich zu sein.

Bin ich, wenn ich fromm bin, im Besitz des Glaubens? Ist Religiosität etwas, das mir gehört? Oder ist Glaube etwas, das sich im und durch das Hadern bestätigt? Was heißt also an-gehören in Bezug auf den Glauben? Gehört mir mein Glaube oder gehöre ich dem, an den ich glaube?

Damit ist noch nicht einmal berührt, ob diese Angehörigkeit etwas ist, zu dem es sich bewusst entscheiden lässt. Ab wann jemand zu einer Kirche oder Gemeinschaft gehört, das lässt sich festmachen an den jeweiligen Riten der Aufnahme. Aber ab wann der Glaube zu einer Person gehört, das ist weniger eindeutig.

Hatten mich die Passionen und Kantaten von Bach nicht schon durchdrungen und von innen heraus geformt, bevor ich von einem Glaubensbekenntnis auch nur wusste? Gehörte das nicht zu mir, und das heißt: bildete das nicht schon eine Voraussetzung für die, die ich werden sollte, bevor ich mich überhaupt zu einer Gemeinschaft hätte zugehörig erklären können?

Nun kennt das Wort »Angehörigkeit« keine Schattierungen. Es suggeriert eine einheitliche Empfindung. Als ob es uns immer gleich relevant sei, jüdisch oder protestantisch oder muslimisch zu sein. Als ob es sich an jedem Ort gleich anfühlte, kurdisch zu sein oder polnisch oder palästinensisch. Als ob es nicht in unterschiedlichen Situationen ganz unterschiedlich prägnant sein könnte. Mein Freund, der Regisseur Nurkan Erpulat, hat einmal auf die Frage, was es für ihn bedeute, muslimisch zu sein, geantwortet: »Das kommt auf den Kontext an.«

Manchmal ist die argentinische Herkunft besonders deutlich im glücklichen Blick auf die leuchtend lilafarbenen Blüten der *Jacaranda*. Aber manchmal ist sie besonders deutlich fern von dort, in Berlin, wenn ein Hubschrauber über der Stadt nicht von einem Militär-Putsch kündet, sondern nur von einem Stau – und die eingeübte Angst eine Weile braucht, bis sie sich verzieht.

Für manche wird das eigene Judentum besonders spürbar, wenn sie die Süße von Äpfeln mit Honig an *Rosh ha'shana* schmecken. Für andere dagegen, wenn sie in der Paulskirche sitzen und einer Rede zuhören müssen, in der das furchtbare Leid der eigenen Angehörigen von einem Menschheitsverbrechen, an das bis heute zu erinnern ist, zu einer bloßen »Moralkeule« verstümmelt wird. Ich kann hier nicht stehen, ohne an diesen nicht nur für Ignaz Bubis furchtbar schmerzlichen Moment in der Geschichte des Preises zu erinnern.

Ist Zugehörigkeit also etwas, das aufscheint im Zusammensein mit anderen oder etwas, das aufscheint, wenn man als einziger aus einer Gemeinschaft herausfällt? Weil die jüdische Perspektive als eine, die zu dieser Gesellschaft gehört, einfach ausgeblendet wird. Ist Zugehörigkeit also mit Glück oder mit Trauer verbunden?

Ist zugehörig, wer als zugehörig erkannt wird und ist anders zugehörig, wem diese Anerkennung verweigert wird?

Wem gehört also dieses An-gehören – einem selbst oder den anderen? Gibt es das nur in einer Form oder in verschiedenen? Und vor allem: wieviele Kontexte und Verbindungen können für mich in diesem Sinne relevant und wichtig sein? Wieviele Schnittmengen gibt es von Kreisen, in denen ich passend bin und aus denen ich mich als Individuum zusammensetze?

Ich bin homosexuell und wenn ich hier heute spreche, dann kann ich das nur, indem ich auch aus der Perspektive jener Erfahrung heraus spreche: also nicht nur, aber eben auch als jemand, für die es relevant ist, lesbisch, schwul, bisexuell, inter*, trans* oder queer zu sein. Das ist nichts, das man sich aussucht, aber es ist, hätte ich die Wahl, das, was ich mir wieder aussuchte zu sein. Nicht, weil es besser wäre, sondern schlicht, weil es mich glücklich gemacht hat.

Als ich mich das erste Mal in eine Frau verliebte, ahnte ich – ehrlich gesagt – nicht, dass damit eine Zugehörigkeit verbunden wäre. Ich glaubte noch, wie und wen ich liebe, sei eine individuelle Frage, eine, die vor allem *mein* Leben auszeichnete und für andere, Fremde oder gar den Staat, nicht von Belang. Jemanden zu lieben und zu begehren, das schien mir vornehmlich eine Handlung oder Praxis zu sein, keine Identität.

Es ist eine ausgesprochen merkwürdige Erfahrung, dass etwas so Persönliches für andere so wichtig sein soll, dass sie für sich beanspruchen, in unsere Leben einzugreifen und uns Rechte oder Würde absprechen wollen. Als sei die Art, wie wir lieben, für andere bedeutungsvoller als für uns selbst, als gehörten unsere Liebe und unsere Körper nicht uns, sondern denen, die sie ablehnen oder pathologisieren. Das birgt eine gewisse Ironie: Als definierte unsere Sexualität weniger unsere Zugehörigkeit als ihre. Manchmal scheint mir das bei der Beschäftigung der Islamfeinde mit dem Kopftuch ganz ähnlich. Als bedeute ihnen das Kopftuch mehr als denen, die es tatsächlich selbstbestimmt und selbstverständlich tragen.

So wird ein Kreis geformt, in den werden wir eingeschlossen, wir, die wir etwas anders lieben oder etwas anders aussehen, dem gehören wir an, ganz gleich, in oder zwischen welchen Kreisen wir uns sonst bewegen, ganz gleich, was uns sonst noch auszeichnet oder unterscheidet, ganz gleich, welche Fähigkeiten oder Unfähigkeiten, welche Bedürfnisse oder Eigenschaften uns vielleicht viel mehr bedeuten. So verbindet sich etwas, das uns glücklich macht, etwas, das uns schön oder auch angemessen erscheint, mit etwas, das uns verletzt und wund zurücklässt. Weil wir immer noch, jeden Tag, Gründe liefern sollen dafür, dass wir nicht nur halb, sondern ganz dazugehören. Als gäbe es eine Obergrenze für Menschlichkeit.

Es ist eine merkwürdige Erfahrung:

Wir dürfen Bücher schreiben, die in Schulen unterrichtet werden, aber unsere Liebe soll nach der Vorstellung mancher Eltern in Schulbüchern maximal »geduldet« und auf gar keinen Fall »respektiert« werden?

Wir dürfen Reden halten in der Paulskirche, aber heiraten oder Kinder adoptieren dürfen wir nicht?

Manchmal frage ich mich, wessen Würde da beschädigt wird: unsere, die wir als nicht zugehörig erklärt werden, oder die Würde jener, die uns die Rechte, die uns gehören, absprechen wollen?

Menschenrechte sind kein Nullsummenspiel. Niemand verliert seine Rechte, wenn sie allen zugesichert werden. Menschenrechte sind voraussetzungslos. Sie können und müssen nicht verdient werden. Es gibt keine Bedingungen, die erfüllt sein müssen, damit jemand als Mensch anerkannt und geschützt wird. Zuneigung oder Abneigung, Zustimmung oder Abscheu zu individuellen Lebensentwürfen, sozialen Praktiken oder religiösen Überzeugungen dürfen keine Rolle spielen. Das ist doch der Kern einer liberalen, offenen, säkularen Gesellschaft.

Verschiedenheit ist kein hinreichender Grund für Ausgrenzung. Ähnlichkeit keine notwendige Voraussetzung für Grundrechte.

Das ist großartig, denn es bedeutet, dass wir uns nicht mögen müssen. Wir müssen einander nicht einmal verstehen in unseren Vorstellungen vom guten Leben. Wir können einander merkwürdig, sonderbar, altmodisch, neumodisch, spießig oder schrill finden.

Um es für Paulskirchen-Verhältnisse mal etwas salopp zu formulieren: ich bin Borussia Dortmund-Fan. Ich habe, nun ja, etwas weniger Verständnis dafür, wie man Schalke-Fan sein kann. Und doch käme ich nie auf die Idee, Schalke Fans das Recht auf Versammlungsfreiheit zu nehmen.

»Die Verschiedenheit verkommt zur Ungleichheit«, hat Tzvetan Todorow einmal geschrieben, »die Gleichheit zur Identität.« Das ist die soziale Pathologie unserer Zeit: dass sie uns einteilt und aufteilt, in Identität und Differenz sortiert, nach Begriffen und Hautfarben, nach Herkunft und Glauben, nach Sexualität und Körperlichkeiten spaltet, um damit Ausgrenzung und Gewalt zu rechtfertigen.

Deswegen haben die, die vor mir hier standen und wie ich von dieser merkwürdigen Erfahrung der Zugehörigkeit zur Nichtzugehörigkeit gesprochen haben, doch beides betont: die individuelle Vielfalt und die normative Gleichheit.

Die Freiheit, etwas anders zu glauben, etwas anders auszusehen, etwas anders zu lieben, die Trauer, aus einer bedrohten oder versehrten Gegend zu stammen, den Schmerz der bitteren Gewalterfahrung eines bestimmten Wirs – und die Sehnsucht, schreibend eben all diese Zugehörigkeiten zu überschreiten, die Codes und Kreise in Frage zu stellen und zu öffnen, die Perspektiven zu

vervielfältigen und immer wieder ein universales Wir zu verteidigen.

III.

Zur Zeit grassiert ein Klima des Fanatismus und der Gewalt in
Europa. Pseudo-religiöse und nationalistische Dogmatiker pro-
pagieren die Lehre vom »homogenen Volk«, von einer »wahren«
Religion, einer »ursprünglichen« Tradition, einer »natürlichen« Familie und einer »authentischen« Nation. Sie ziehen Begriffe ein,
mit denen die einen aus- und die anderen eingeschlossen werden
sollen. Sie teilen willkürlich auf und ein, wer dazugehören darf
und wer nicht.

Alles Dynamische, alles Vielfältige an den eigenen kulturellen Bezügen und Kontexten wird negiert. Alles individuell Einzig-
artige, alles, was uns als Menschen, aber auch als Angehörige aus-
macht: unser Hadern, unsere Verletzbarkeiten, aber auch unsere
Phantasien vom Glück, wird geleugnet. Wir werden sortiert nach
Identität und Differenz, werden in Kollektive verpackt, alle leben-
digen, zarten, widersprüchlichen Zugehörigkeiten verschlichtet
und verdumpft.

Sie stehen vielleicht nicht selbst auf der Straße und verbreiten
Angst und Schrecken, die Populisten und Fanatiker der Reinheit,
sie werfen nicht unbedingt selbst Brandsätze in Unterkünfte von
Geflüchteten, reißen nicht selbst muslimischen Frauen den *hijab*
oder jüdischen Männern die *Kippa* vom Kopf, sie jagen vielleicht
nicht selbst polnische oder rumänische Europäerinnen, greifen
vielleicht nicht selbst schwarze Deutsche an – sie hassen und verletzen nicht unbedingt selbst. Sie *lassen* hassen.

Sie beliefern den Diskurs mit Mustern aus Ressentiments und
Vorurteilen, sie fertigen die rassistischen *Product-Placements*, all die

kleinen, gemeinen Begriffe und Bilder, mit denen stigmatisiert und entwertet wird, all die Raster der Wahrnehmung, mithilfe derer Menschen gedemütigt und angegriffen werden.

Dieser ausgrenzende Fanatismus beschädigt nicht nur diejenigen, die er sich zum Opfern sucht, sondern alle, die in einer offenen, demokratischen Gesellschaft leben wollen. Das Dogma des Homogenen, Reinen, Völkischen verengt die Welt. Es schmälert den Raum, in dem wir einander denken und sehen können. Es macht manche sichtbar und andere unsichtbar. Es versieht die einen mit wertvollen Etiketten und Assoziationen und die anderen mit abwertenden. Es begrenzt die Phantasie, in der wir einander Möglichkeiten und Chancen zuschreiben. Mangelnde Vorstellungskraft und Empathie aber sind mächtige Widersacher von Freiheit und Gerechtigkeit.

Das ist es eben, was die Fanatiker und Populisten der Reinheit wollen: sie wollen uns die analytische Offenheit und Einfühlung in die Vielfalt nehmen. Sie wollen all die Gleichzeitigkeiten von Bezügen, die uns gehören und in die wir gehören, dieses Miteinander und Durcheinander aus Religionen, Herkünften, Praktiken und Gewohnheiten, Körperlichkeiten und Sexualitäten vereinheitlichen.

Sie wollen uns weißmachen, dass es das nicht gäbe, Verfassungspatriotismus und demokratischen Humanismus. Sie wollen Pässe als Ausweise der inneren Verfasstheit missdeuten, nur um uns gegeneinander auszuspielen. Das hat auch etwas Groteskes: Jahrzehntelang hat diese Gesellschaft geleugnet, eine Einwanderungsgesellschaft zu sein, jahrzehntelang wurden Migrantinnen und Migranten und ihre Kinder und Enkel als »Fremde« angesehen, nicht als Bürgerinnen und Bürger, jahrzehntelang wurden sie behandelt als gehörten sie nicht dazu, als dürften sie nichts anderes sein als Türken − und jetzt wirft man ihnen vor, sie wären nicht deutsch genug und besäßen einen zweiten Pass?

Die Familie meiner Mutter ist vor dem Krieg ausgewandert nach Argentinien. Alle in ihrer Familie besaßen zu verschiedenen Zeitpunkten verschiedene Pässe, mal einen argentinischen, mal einen deutschen, manchmal beide. Ich habe sie zuhause bei mir aufgehoben: den Pass meines Großvaters, den mir mein Onkel geschenkt hat, und den meiner Mutter. Meine Nichte Emilia, die heute hier ist und die wie alle ihre Geschwister in den USA geboren ist, hat auch einen amerikanischen Pass. Mehrsprachig waren und sind alle. Aber glauben die Neonationalisten wirklich, irgendjemand in meiner Familie wäre weniger demokratisch gewesen, hätte deswegen weniger Respekt vor der Freiheit jedes Einzelnen und dem Schutz menschlicher Würde? Glauben die wirklich, der Pass sage etwas aus über die eigene Abneigung gegen Verrohung und die Bereitschaft, sich demokratisch für eine offene Gesellschaft zu engagieren – und zwar, egal wo?

Ich vermute eher, alle, die einmal vertrieben wurden, die Flucht oder auch nur Migration kennen, alle, die an verschiedenen Orten in der Welt sich zuhause fühlen, alle die mit Heimweh oder Fernweh geplagt sind, alle, die die verschiedenen Klangfarben der Ironie und des Humors lieben, die sich abwechseln und vermischen, wenn man die Sprache wechselt, alle, die Kinderlieder erinnern, die die nächste Generation nicht mehr kennt, alle, die die Brüche der Gewalt und des Kriegs miterlebt haben, alle, denen die Furcht vor Terror und Repression unter die Haut gezogen ist, *wissen* doch um den Wert stabiler rechtstaatlicher Institutionen und einer offenen Demokratie. Vielleicht sogar etwas mehr als diejenigen, die noch nie darum bangen mussten, sie zu verlieren.

Sie wollen uns einschüchtern, die Fanatiker, mit ihrem Hass und ihrer Gewalt, damit wir unsere Orientierung verlieren und unsere Sprache. Damit wir voller Verstörung ihre Begriffe übernehmen, ihre falschen Gegensätze, ihre konstruierten Anderen – oder auch nur ihr Niveau. Sie beschädigen den öffentlichen Diskurs mit ihrem Aberglauben, ihren Verschwörungstheorien und dieser eigentümlichen Kombination aus Selbstmitleid und Brutalität. Sie verbreiten Angst und Schrecken und reduzieren den sozialen Raum, in dem wir uns begegnen und artikulieren können.

Sie wollen, dass nur noch Jüdinnen und Juden sich gegen Antisemitismus wehren, dass nur noch Schwule gegen Diskriminierung protestieren, sie wollen, dass nur noch Muslime sich für Religionsfreiheit engagieren, damit sie sie dann denunzieren können als jüdische oder schwule »Lobby« oder »Parallelgesellschaft«, sie wollen, dass nur noch Schwarze gegen Rassismus aufbegehren, damit sie sie als »zornig« diffamieren können, sie wollen, dass sich nur Feministinnen gegen Machismo und Sexismus engagieren, damit sie sie als »humorlos« abwerten können.

In Wahrheit geht es gar nicht um Muslime oder Geflüchtete oder Frauen. Sie wollen *alle* einschüchtern, die sich einsetzen für die Freiheit des einzigartigen, abweichenden Individuellen.

Deswegen müssen sich auch alle angesprochen fühlen.

Deswegen lässt sich die Antwort auf Hass und Verachtung nicht einfach nur an »die Politik« delegieren. Für Terror und Gewalt sind Staatsanwaltschaften und die Ermittlungsbehörden zuständig, aber für all die alltäglichen Formen der Missachtung und der Demütigung, für all die Zurichtungen und Zuschreibungen in vermeintlich homogene Kollektive, dafür sind wir alle zuständig.

Was wir tun können?

»Sprechend und handelnd schalten wir uns in die Welt der Menschen ein, die existierte, bevor wir in sie geboren wurden«, schrieb Hannah Arendt in der *Vita Activa*, »und diese Einschaltung ist wie eine zweite Geburt, in der wir die nackte Tatsache des Geborenseins bestätigen, gleichsam die Verantwortung dafür auf uns nehmen.«

Wir dürfen uns nicht wehrlos und sprachlos machen lassen. Wir können sprechen und handeln. Wir können die Verantwortung auf uns nehmen. Und das heißt: Wir können sprechend und handelnd eingreifen in diese sich zunehmend verrohende Welt.

Dazu braucht es nur Vertrauen in das, was uns Menschen auszeichnet: *die Begabung zum Anfangen*. Wir können hinausgehen und etwas unterbrechen. Wir können neu geboren werden, in dem wir uns einschalten in die Welt. Wir können das, was uns hinterlassen wurde, befragen, ob es gerecht genug war, wir können das, was uns gegeben ist, abklopfen, ob es taugt, ob es inklusiv und frei genug ist – oder nicht.

Wir können immer wieder anfangen, als Individuen, aber auch als Gesellschaft. Wir können die Verkrustungen wieder aufbrechen, die Strukturen, die uns beengen oder unterdrücken, auflösen, wir können austreten und miteinander suchen nach neuen, anderen Formen.

Wir können neu anfangen und die alten Geschichten weiterspinnen wie einen Faden Fesselrest, der heraushängt, wir können anknüpfen oder aufknüpfen, wir können verschiedene Geschichten zusammen weben und eine andere Erzählung erzählen, eine, die offener ist, leiser auch, eine, in der jede und jeder relevant ist.

Das geht nicht allein. Dazu braucht es alle in der Zivilgesellschaft. Demokratische Geschichte wird von allen gemacht. Eine demokratische Geschichte erzählen alle. Nicht nur die professionellen Erzählerinnen und Erzähler. Da ist jede und jeder relevant, alte Menschen und junge, die mit Arbeit und die ohne, die mit mehr und die mit weniger Bildung, Dragqueens und Pastoren, Unternehmerinnen oder Offiziere, Rentnerinnen und Studenten, jede und jeder ist wichtig, um eine Geschichte zu erzählen, in der alle angesprochen und sichtbar werden. Dafür stehen Eltern und Großeltern ein, daran arbeiten Erzieher und Lehrerinnen in den Kindergärten und Schulen, dabei zählen Polizistinnen und Sozialarbeiter sowie Clubbesitzerinnen und Türsteher. Diese demokratische Geschichte eines offenen, pluralen Wir braucht Bilder und

Vorbildern, auf den Ämtern und Behörden ebenso wie in den Theatern und Filmen – damit sie uns zeigen und erinnern, was und wer wir sein können.

Wir dürfen uns nicht nur als freie, säkulare, demokratische Gesellschaft behaupten, sondern wir müssen es dann auch sein.

Freiheit ist nichts, das man besitzt, sondern etwas, das man tut.

Säkularisierung ist kein fertiges Ding, sondern ein unabgeschlossenes Projekt.

Demokratie ist keine statische Gewissheit, sondern eine dynamische Übung im Umgang mit Ungewissheiten und Kritik.

Eine freie, säkulare, demokratische Gesellschaft ist etwas, das wir lernen müssen. Immer wieder. Im Zuhören aufeinander. Im Nachdenken über einander. Im gemeinsamen Sprechen und Handeln. Im wechselseitigen Respekt vor der Vielfalt der Zugehörigkeiten und individuellen Einzigartigkeiten. Und nicht zuletzt im gegenseitigen Zugestehen von Schwächen und im Verzeihen.

Ist das mühsam? Ja, total. Wird das zu Konflikten zwischen verschiedenen Praktiken und Überzeugungen kommen? Ja, gewiss. Wird es manchmal schwer sein, die jeweiligen religiösen Bezüge und die säkulare Grundordnung in eine gerechte Balance zu bringen? Absolut. Aber warum sollte es auch einfach zugehen?

Wir können immer wieder anfangen.

Was es dazu braucht?

Nicht viel: etwas Haltung, etwas lachenden Mut und nicht zuletzt die Bereitschaft, die Blickrichtung zu ändern, damit es häufiger geschieht, dass wir alle sagen:

Wow. So sieht es also aus dieser Perspektive aus.

ACCEPTANCE SPEECH

Carolin Emcke

Begin

WINNER OF THE PEACE PRIZE 2016

I.

Wow. So this is what it looks like from up here ...

In the earlier years, starting with the awarding of the Peace Prize to George F. Kennan in 1982, I watched this ceremony *from below looking up*: my parents, in their idiosyncratic way, had only two armchairs, which meant that we children had to arrange ourselves on the carpet in front of the television. And so I lay on the rug, listening intently to the speeches given by the male recipients: and I say male recipients deliberately here, seeing as the first thirteen years I watched *from below looking up*, it was only men who were awarded the prize. Even after I had long since moved out of my childhood home, I maintained this ritual; I watched the Peace Prize lying on the floor in front of the TV. Somehow it just seemed the most appropriate perspective to take. And then, in each of the years since David Grossman received the prize in 2010, I sat where you are all sitting here today. In fact, as late as last year, on the eve of the award ceremony, I even conspired with a friend to sneak into the ballroom at the Frankfurter Hof to tamper with the seating arrangements at the pre-award banquet. (Embarrassingly enough, we were caught red handed). And now *this, here* ...

Ladies and gentlemen, I would like to thank the Board of Trustees of the Börsenverein des Deutschen Buchhandels (German Publishers and Booksellers Association) for this award. It fills me with a deep sense of gratitude and happy amazement.

Nobody grows alone. Some of the individuals who stood on this spot before me were existential for my own thinking. Indeed, the work of many Peace Prize recipients – and the opportunity to meet some of them in person – has made me the person who stands before you today: Martin Buber, Nelly Sachs, David Grossman, Jorge Semprún and, in particular, Jürgen Habermas and Susan Sontag. The idea of now being among their ranks prompts me to perceive this prize less as an award and more as a mission, a challenge.

Nobody writes alone. There were two people indispensible to my development as a writer, and I would like to thank them specifically. First of all, my friend, the photographer Sebastian Bolesch, who accompanied me on each of my travels abroad over the course of 14 years and without whom I would not have written one word. And, second of all, my publisher and editor, Peter Sillem at S. Fischer Verlag, who has helped me transcend my doubts since my very first manuscript and without whom no book of mine would ever have been published.

II.

Many – but not all – of the men and women who stood here before me spoke not only as individuals, but also as members of a specific group. They defined themselves as belonging to a faith, an experience, the history of a specific country or a particular lifestyle: they reflected upon what it meant to speak here in the Church of St. Paul as a Chinese dissident, a Nigerian author, a Muslim or a Jewish woman – here in Germany, with its particular history.

For those individuals who have had the honor of speaking from up here, from this perspective, it often meant speaking from and about a specific perspective. They were chosen to receive this award because they had somehow dedicated themselves to working for a universal we; and yet, they often still spoke as individuals who belonged to an oppressed group, a marginalized faith or a broken, war-torn geographical area.

This is certainly worth noting, seeing as we cannot be entirely sure what it means »to belong«.

The modern Hebrew word for »to belong« is »*shayach*« and comes from the Aramaic; it immigrated, so to speak, from one language into the other, where it quite ironically became the term used to describe »belonging.« In fact, the word *shayach* refers to nothing else. Unlike most other terms in Hebrew, it contains no parts of another in itself. As it were, it belongs only to itself. When the word *shayach* is used to describe something, it indicates that the thing is relevant, worthy and important. This provides us with a useful line of thinking: to see oneself as belonging to a faith or a community implies that I am relevant to this community, that I am an important element in it.

However, belonging can also be thought of in the other direction as well; that is to say, not only am I important to the community, the faith is also important to me. Being Jewish or Catholic or Muslim makes a difference. It structures my thought processes, my habits and my day. Just as the giving of alms belongs to one person, saying grace at the dinner table or lighting candles belongs to others.

In the German language, the term »to belong« has multiple meanings: i) to be the property of someone, but also ii) to be part of a whole, a necessary element, iii) to fit or be suitable in a certain place and iv) to be necessary for something.

If I am devout, am I in possession of faith? Is religiosity something that belongs to me? Or is faith something confirmed via a struggle? In other words, what does »belong to« mean in the context of faith? Does my faith belong to me, or do I belong to that in which I have faith?

We haven't even touched upon the question as to whether this belonging is something an individual can consciously take on. Although we can usually determine the precise moment at which an individual becomes a member of a church or a community by looking at the date of the relevant rituals of admission, it is much more difficult to pin down the moment when faith started belonging to a person.

Could it not be argued that the Passions and Cantatas of Bach had already permeated and formed me from the inside out before I was even capable of professing a faith? Did this music not belong to me – that is, did it not already create the foundation for the person I would become – before I could ever have been able to declare my membership in a community?

Now the word membership is bereft of nuance. It suggests a uniform perception, as if it were of equal relevance to us whether we were Jewish, Protestant or Muslim. As if it always felt the same – to be Kurdish or Polish or Palestinian – wherever we went. As if it weren't possible for this membership to be differently concise in different situations. For example, when asked what it meant to him to be Muslim, a friend of mine, the theater director Nurkan Erpulat, responded by saying: »It depends on the context.«

Sometimes the Argentinean origins of the *Jacaranda* plant are particularly obvious, for example when one sees its bright purple blossoms. But sometimes it is noticeably far away from these origins, especially in Berlin, when a helicopter flying over the city heralds the occurrence of a traffic jam rather than a military putsch – at which point that ingrained fear requires some time to dissipate.

For many individuals, their own Jewish faith becomes especially palpable when they taste the sweetness of apples and honey on *Rosh Hashanah*. For others, it emerges when they finds themselves sitting in the Church of St. Paul in Frankfurt listening to a speech in which the unimaginable suffering of their own families is transformed from a crime against humanity – one we have an obligation to remember as long as we live – into a mere »moral cudgel.« I cannot stand here without calling to mind that terrible moment in the history of this prize – a moment that was extremely painful, not only for Ignaz Bubis.

In other words, is belonging something that manifests itself in connection with others, or is it something that appears when you stand out as the only one belonging to a community? In this case, the Jewish perspective was simply blocked out as belonging to our society. Which begs the question: Is belonging connected to happiness or sadness? Does a person belong when she or he is acknowledged as belonging? And, in turn, does she or he who is denied this acknowledgment belong?

In other words, who does this belonging belong to? To oneself or to another? Does this belonging come in only one or in many different forms? And, above all, how many different contexts and connections can be relevant and important to me in this sense? How many intersecting circles do I fit into and how many do I use to construct myself as an individual?

I am homosexual, and when I speak here today, I can do so only by also speaking from the perspective of this experience; that is, as someone for whom it is relevant to be lesbian, gay, bisexual, inter*, trans* or queer. Not *only* as someone who has this experience, but definitely *because* of it. This is not something one seeks out, however it is what I would choose to be again, if given the choice. Not because it's better, but simply because it has made me happy.

The first time I fell in love with a woman, I honestly had no idea that my love would be connected to a form of belonging. At the time, I still believed that whom and how I loved was an individual matter that distinguished *my* life and was of no concern to others, especially to strangers or the state. The idea of loving and desiring someone struck me primarily as an act or experience, not an identity.

It is very strange when one realizes that something so personal is so important for others. In fact, it is so important to them that they insist on being permitted to intervene in our lives and deny us our rights and our dignity. It's as if the way in which we love is more important for others than it is for ourselves: as if our love and our bodies didn't actually belong to us, but instead to those who reject and pathologize them. There is a certain irony to this: it's as if our sexuality defined much less *our* belonging and much more *theirs*. From where I stand, it often looks as if this is the same dynamic at work in the Islamophobic preoccupation with the hijab. It's as if the hijab means more to them than it does to the people for whom it is a self-evident and self-determined choice.

In any case, a circle is formed into which we are enclosed; those of us who love differently or look different. We belong to this circle regardless of the circles in or between which we otherwise move; no matter what other things set us apart, no matter what abilities or inabilities we have or which needs and characteristics mean much more to us. In this manner, something that makes us happy – something that seems beautiful and appropriate to us – becomes connected to something that leaves us injured and numb. Because we still, every day, are obliged to provide reasons as to why we should belong – not just half way, but all the way. Not just a part of us, but the whole thing. As if there was a cutoff for humanity.

It is a strange experience:

We are permitted to write books that are taught in schools, but the way we love should only be »tolerated« – according to the wishes of some parents – and in no way »respected« in school textbooks?

We are allowed to give speeches in the Church of St. Paul, but we are not allowed to get married or adopt children?

I sometimes ask myself whose dignity is being damaged here: the dignity of those of us declared as not belonging or the dignity of those who seek to deny us the rights that belong to us?

Human rights are not a zero-sum game. Nobody loses their

rights when they are granted to all. Human rights are uncondi-tional. They *cannot* be earned, nor *must* they be earned. There are no preconditions that must be met before a human being is re-cognized as such and protected. Affection or dislike, approval or distaste for individual lifestyles, social practices and religious con-victions cannot be allowed to play any role in this realm. This no-tion is indeed the very essence of a liberal, open and secular so-ciety.

Dissimilarity is not a sufficient reason for exclusion.

Similarity is not a prerequisite for human rights.

And this is a great thing, because it means we don't have to like each other. We don't even have to understand each other or ag-ree on what constitutes a good life. We can continue to see each other as strange, weird, old-fashioned, new-fashioned, petit-bour-geois or garish.

Allow me to put it in terms all of us here in the Church of St. Paul can understand: I'm a Borussia Dortmund fan. And, although it's hard for me to understand how someone could be a Schalke fan, it wouldn't cross my mind to deny Schalke supporters the right to freedom of assembly.

Tzvetan Todorov once wrote that »difference is corrupted into inequality, equality into identity.« This is the social pathology of our time: it divides and separates us, it sorts us into identity and difference, it segregates us according to concepts and skin colors, according to origin and faith and according to sexuality and phy-sicality, so as to use these categories to justify exclusion and vio-lence.

For this reason, those who stood here before me and – as I am doing today – spoke of this strange experience of belonging to not-belonging, emphasized both, that is, both individual diversity and normative equality.

The freedom to believe something different, to look different, to love slightly differently, the sadness of coming from an endangered and damaged area, the bitter pain experienced by a certain *we* – and the yearning to use words to move beyond precisely these affiliations, to open up and call into question the codes and circles, to multiply perspectives and – time and again – to defend a universal *we*.

III.

At the moment, a climate of fanaticism and violence is running rampant in Europe. Pseudo-religious and nationalist dogmatists are propagating the doctrine of a »homogenous people,« a »true« religion, an »original« tradition, a »natural« family and an »authentic« nation. They come up with concepts that include some and exclude others. They divvy us up arbitrarily and decide who has the right to belong and who doesn't.

Everything that is dynamic, everything that is multifaceted about our own cultural references and contexts is negated. They deny everything that is individually unique, everything that makes us what we are as people, everything that makes us people who belong, that is, our struggles, our vulnerabilities, but also our fantasies of happiness. We are sorted out according to identity and difference and packed into collectives, while all types of belonging that are vibrant, delicate and contradictory are dulled and smoothed over.

Perhaps these people – these populists and purity fanatics – are not themselves standing on the street spreading fear and terror; perhaps they don't themselves throw incendiary devices into refugee homes, don't themselves rip the hijab off Muslim women or the Kippah from Jewish men; perhaps they themselves don't harass Polish and Romanian Europeans; perhaps they don't themselves attack Germans with African heritage. In other words, they aren't necessarily the ones actively doing the hating and the hurting. Instead, they are the *enablers* of hate.

They supply the discourse with patterns of resentment and prejudice; they manufacture racist *product placements*, all those small hurtful words and images with which others are stigmatized and devalued; and they provide the mode of perception with which people are humiliated and attacked.

This exclusionary fanaticism damages not only those it seeks to victimize; it also hurts all of us who wish to live in an open, democratic society. The dogma of the pure, homogeneous and *Völkisch* [nationalist-racist] constricts our world. It diminishes the space in which we can think and see each other. It makes some visible and others invisible. It labels some as being valuable and other as worthless. It limits the imagination in which we give each other chances and opportunities. Indeed, a lack of imagination and empathy is a powerful antagonist to freedom and justice.

This is exactly what the fanatics and populists of purity want: they want to take from us our analytical openness and ability to empathize with diversity; they want to take away the simultaneity of references that belong to us – and to which we belong; and they want to standardize this togetherness, this mishmash of religions, origins, practices and habits, physicalities and sexualities.

They want to convince us that constitutional patriotism and democratic humanism do not exist. They want to misinterpret passports as the indicators of a person's inner constitution, just so they can play us off each other. Indeed, there is something grotesque about this approach: for decades, German society denied that it was a society of immigrants; for decades migrants – and their children and grandchildren – were seen as »foreigners« rather than as citizens; for decades they were treated as if they didn't belong, as if they were nothing more than Turks. And now we accuse them of not being »German enough« and point to the fact that they have two passports?

My mother's family emigrated to Argentina before the war. Every person in her family had different passports at different times, sometimes an Argentinean, sometimes a German one, and sometimes both. I still have them all, including my grandfather's passport which was given to me by my uncle, and my mother's passport. My niece Emilia, who is here today and, like all of her siblings, was born in the United States, also has an American passport. We are all multilingual, and we always were. But do the neo-nationalists really believe that anyone in my family is less democratic or has less respect for individual freedom and the protection of human dignity? Do they really believe that a passport says anything about that individual's aversion to depravity and their willingness to engage in creating a democratic, open society no matter where?

I rather suspect that all of those people who were once driven out of their homes, who know what it means to flee a country or simply migrate, who feel at home in different places in the world, who are plagued by homesickness or wanderlust, who love the different sounds of irony and humor, who go back and forth and mix things up when moving from one language to another, who remember songs from their childhood that the generation after them will never know, who have experienced the ruptures of violence and war, those for whom the fear of terror and repression has become a subcutaneous experience – these people *know* quite well the value of an open democracy and of stabile institutions under the rule of law. Perhaps they even know them better than those who never had to fear living without them.

They want to intimidate us, these fanatics, with their hatred and violence, so that we lose our orientation and our speech, so that we become full of dismay and adopt their concepts, their false opposites, their constructed others – even their level of intellectual gracelessness. They do damage to public discourse with their superstitions, conspiracy theories and that peculiar combination of self-pity and brutality. They spread fear and terror and reduce the social space in which we should be able to meet one another and articulate ourselves.

They want to create an environment in which only Jews defend themselves against anti-Semitism, where only gays protest against discrimination and where only Muslims fight for freedom of religion; this enables the fanatics to denounce those who protest as being Jewish, members of the gay lobby or inhabitants of a parallel society. The fanatics want a world in which only black citizens rise up against racism and only feminists protest sexism and toxic masculinity so that they can devalue these groups as being »angry« and »lacking humor« respectively.

In actual fact, it's not about Muslims or refugees or women. Fanatics want to intimidate *everyone* who commits themselves to the freedom of each unique, different individual.

For this reason, it is imperative that *all of us* feel that we are being addressed here.

For this reason, it is imperative that we do not simply delegate to »political leaders« our response to hatred and contempt. State prosecutors and investigative authorities are responsible for handling matters of terror and violence, but for all the everyday forms of disrespect and humiliation, for all the acts of shaping and ascribing carried out in supposedly homogenous collectives – these are things for which we are all responsible.

What can we do?

In 1958, Hannah Arendt wrote in *The Human Condition*: »With word and deed we insert ourselves into the human world and this insertion is like a second birth in which we confirm and take upon ourselves the naked fact of our original physical appearance for which we, as it were, take on responsibility.«

We must not allow ourselves to be rendered defenseless and speechless. We can speak and act. We can take on responsibility. In other words, we can intervene actively *with word and deed* in this increasingly brutalized world.

In order to do this, we need to have trust in what makes us human: *the capacity to begin*. We can go out and interrupt something. We can be reborn by *inserting ourselves into the world*. We can question what was passed down to us, we can determine whether it was fair enough, we can sound out the things that we were given to see if they are good, inclusive and contain enough freedom – or not.

We can start over again, as individuals, but also as a society. We can shatter our inherited inflexibilities, dissolve the structures that constrict and oppress us, move forward and discover new forms together.

We can start fresh and weave the old stories anew like the thread of the remains of chains; we can tie and untie, we can merge diverse stories together and tell a whole new story, one that is quieter and more open, one in which each and everyone is relevant.

But we cannot do this alone. It requires the participation of all actors in civil society. Democratic history is made by all of us. A democratic story is one that is told by all – not just by professional storytellers. Every individual is relevant, and this includes the elderly and the young, those of us with jobs and those of us who are unemployed, those of us with more education and those of us with less. Drag queens and pastors, entrepreneurs and officers, retirees and students, each and every one of us is important when it comes to telling a story in which we are all addressed and made visible. The people responsible for this are parents and grandparents, caregivers and teachers in kindergartens and schools, policemen and women and social workers just as much as club owners and bouncers. Our democratic story of an open, plural and collective *we* needs images and role models, in public offices and government authorities just as much as in theaters and films – so that they can show us and remind us of what and who we can be.

We can no longer be permitted to merely *claim* to be a free, secular and democratic society – we have to actually *be* it.

Freedom is not something one owns; instead it is something one does.

Secularization is not something we can finish; instead, it is an unfinished project.

Democracy is not a static certainty; instead, it is a dynamic exercise in dealing with uncertainty and criticism.

A free, secular and democratic society is something we must learn. Again and again. By listening to each other, thinking about each other, becoming active together *in word and deed*. In mutual respect for the diversity of ways of belonging and individual uniqueness. And, last but not least, in reciprocal admission of our weaknesses and our ability to grant forgiveness.

Is this difficult? Yes, absolutely. Will there be conflicts between different practices and beliefs? Yes, certainly. Will it be tricky to create an equitable balance between different religious references and the basic secular order? Definitely. But why indeed should it be easy?

We can always start again.

What is it going to take to do this?

Not much: some strength of character, some cheerful courage and, last but not least, the willingness to change one's perspective so that more and more of us find ourselves saying:

Wow. So this is what it looks like from up here.

Translated into English by The Hagedorn Group.

BIBLIOGRAPHIE
Ausgewählte Werke der Friedenspreisträgerin
BIBLIOGRAPHY
Selected books by the laureate

»Gegen den Hass«
S. Fischer Verlag, Frankfurt am Main 2016

»Weil es sagbar ist. Über Zeugenschaft und Gerechtigkeit«
S. Fischer Verlag, Frankfurt am Main 2013

»Wie wir begehren«
S. Fischer Verlag, Frankfurt am Main 2012

»Stumme Gewalt. Nachdenken über die RAF«
S. Fischer Verlag, Frankfurt am Main 2008

»Echoes of Violence: Letters from a War Reporter«
Princeton University Press, Princeton 2007

»Von den Kriegen. Briefe an Freunde«
S. Fischer Verlag, Frankfurt am Main 2004

»Kollektive Identitäten. Sozialphilosophische Grundlagen«
Campus Verlag, Frankfurt am Main 2000

Carolin Emcke, geboren am 18. August 1967 in Mülheim an der Ruhr, lebt als freie Publizistin in Berlin. Sie studiert ab 1987 Philosophie, Politik und Geschichte in London und Frankfurt am Main, wo sie ihr Magister Artium 1993 in Philosophie bei Jürgen Habermas erlangt. Anschließend promoviert sie in Frankfurt bei Axel Honneth und an der Harvard University bei Seyla Benhabib über den Begriff »Kollektive Identitäten. Sozialphilosophische Grundlagen« (erschienen im Campus Verlag, 2000).

Von 1998 bis 2006 arbeitet Carolin Emcke als festangestellte Redakteurin beim Nachrichtenmagazin DER SPIEGEL. Ab 1999 bereist sie als Auslandsredakteurin zahlreiche Krisenregionen und berichtet unter anderem aus dem Kosovo, Afghanistan, Pakistan, Irak und dem Gazastreifen. Aus den Briefen, die sie zwischen 1999 und 2003 an ihre Freunde schreibt, entsteht 2004 ihr erstes Buch »Von den Kriegen – Briefe an Freunde« (S. Fischer Verlag), indem sie über den Zusammenhang von Gewalt, Traumatisierung und Sprachlosigkeit und die eigene Rolle als Beobachterin reflektiert.

◇

2003–2004 geht Carolin Emcke für ein Jahr als Visiting Lecturer an die Yale University und lehrt unter anderem über »Theorien der Gewalt«. Seit 2004 bis heute kuratiert und moderiert sie zudem die monatliche Diskussionsreihe »Streitraum« an der Berliner Schaubühne. Von 2007 bis 2014 arbeitet sie als freie Autorin für DIE ZEIT und veröffentlicht zahlreiche Reportagen aus dem Irak, Haiti, dem Gazastreifen sowie zahlreiche Essays.

Zugleich arbeitet sie an einem Buch über den Terror der Roten

Armee Fraktion, das nicht nur als ein Plädoyer für Aufklärung gedacht ist, sondern auch – aus der Perspektive als Patentochter des bei einem Attentat getöteten Sprecher des Vorstands der Deutschen Bank, Alfred Herrhausen – eine persönliche Auseinandersetzung über den Umgang mit Gewalt und Rache darstellt. Dabei spielen auch die Frage der Ästhetik des Widerstands gegen Gewalt, der sprachlichen Form des Zweifelns an dem Dogma des Terrors und der staatlichen Reaktion darauf eine große Rolle. Für den Essay, der als Vorlage für das 2008 veröffentlichte Buch »Stumme Gewalt. Nachdenken über die RAF« (S. Fischer Verlag) dient, wird sie im gleichen Jahr mit dem Theodor-Wolff-Preis ausgezeichnet.

◇

Nach zahlreichen weiteren Auszeichnungen für ihre publizistische Tätigkeit veröffentlicht Carolin Emcke 2012 mit »Wie wir begehren« (S. Fischer Verlag) einen Essay, der sich mit der Geschichte der Entdeckung ihrer eigenen Homosexualität befasst. Beginnend mit ihrer Jugendzeit in den 1980er Jahren reflektiert sie darin die Mechanismen von Ausgrenzung und Eingrenzung, von Lügen und Schweigen – und die Sehnsucht nach einer Sprache für das eigene Begehren. Es ist ein Buch, das »den Freiraum des Anders-Seins verteidigt« gegenüber den kollektiven Zuschreibungen und Konventionen (*Frankfurter Rundschau*).

Der Frage nach den Schwellen des Sagbaren geht Carolin Emcke in ihrem 2013 erscheinenden Essay-Band »Weil es sagbar ist« (S. Fischer Verlag) nach. Ausgehend von literarischen und dokumentarischen Zeugnissen der Überlebenden der Shoah verweist sie in dem zentralen Essay auf die gesellschaftliche Verantwortung, den Erzählungen von extremer Gewalt und Unrecht auch Raum zu geben. Sie argumentiert gegen das »Unbeschreibliche« und für das Ethos der Empathie. Seit Oktober 2014 schreibt sie für die Wochenendausgabe der *Süddeutschen Zeitung* eine wöchentliche Kolumne. Für ihr essayistisches und publizistisches Werk erhielt sie 2014 den Johann-Heinrich-Merck-Preis für literarische Kritik und Essay der Deutschen Akademie für Sprache und Dichtung und 2015 den Lessing-Preis des Freistaates Sachsen.

◇

Im Oktober 2016 erscheint mit »Gegen den Hass« (S. Fischer Verlag) eine essayistische Auseinandersetzung mit jenem Dogma des Reinen, das die Vielfalt unserer Gesellschaft bedroht. Um dem Rassismus, dem Fanatismus und der Demokratiefeindlichkeit zu begegnen, muss die Freiheit des Individuellen und besonders auch des Abweichenden geschützt werden. »Dem Hass begegnen«, so Carolin Emcke, »lässt sich nur, in dem man die Einladung des Hasses, sich ihm anzuverwandeln, ablehnt. Es braucht den Mut, den Hassenden zu widersprechen, indem man das aktiviert, was den Hassenden abgeht: genaues Beobachten, Selbstzweifel und nicht nachlassende Differenzierung.«

AUSZEICHNUNGEN

2016 Friedenspreis des Deutschen Buchhandels

2015 Lessing-Preis des Freistaates Sachsen

2015 Preis der Lichtenberg Poetik-Dozentur

2014 Johann-Heinrich-Merck-Preis für literarische Kritik
und Essay

2012 Ulrich-Wickert-Preis für Kinderrechte

2010 Journalistin des Jahres, medium magazin

2010 Reporterpreis – *Beste Reportage*

2010 Otto-Brenner-Preis, 1. Preis

2008 Theodor-Wolff-Preis in der Kategorie Essay

2006 Förderpreis des Ernst-Bloch-Preises

2005 Das politische Buch der Friedrich-Ebert-Stiftung

Carolin Emcke was born on August 18th, 1967 in Mülheim an der Ruhr. Today she lives and works as an independent journalist in Berlin. In 1987, she began studying philosophy, politics and history in London and Frankfurt am Main, where she went on to receive her Magister Artium in philosophy under Jürgen Habermas in 1993. After that, she studied under Axel Honneth in Frankfurt and Seyla Benhabib at Harvard University and completed her doctoral thesis on the topic of »Kollektive Identitäten. Sozialphilosophische Grundlagen« (»Collective Identities. Social-Philosophical Foundations«). In 2000, her thesis was published by Campus Verlag.

From 1998 to 2006, Emcke worked as a journalist at the German news magazine DER SPIEGEL. Starting in 1999, she travelled as a staff writer for the magazine's foreign news desk to a number of war-torn regions, filing reports from Kosovo, Afghanistan, Pakistan, Iraq and the Gaza Strip, among others. In 2004, S. Fischer Verlag published her first book »Von den Kriegen – Briefe an Freunde« (»Echoes of Violence: Letters from a War Reporter«, Princeton University Press, 2007). The book consists of letters Emcke had written to her friends from 1999 and 2003 in which she reflects upon the links between violence, trauma and speechlessness as well as on her own role as an observer.

◇

Emcke spent the 2003/2004 academic year as a visiting lecturer at Yale University where she gave courses on »theories of violence«. In 2004, after returning to Berlin, she began curating a monthly discussion series titled »Streitraum« at the Schaubühne theatre –

an event she continues to host up to this day. From 2007 to 2014, she worked as a freelance writer for Germany's weekly DIE ZEIT newspaper, publishing several essays and reportages from Iraq, Haiti and the Gaza Strip.

During that time, Emcke also wrote an essay examining the terror of the West German far-left militant group known as the ›Rote Armee Fraktion‹. As the godchild of murdered Deutsche Bank Board Spokesperson Alfred Herrhausen, Emcke conceived her essay not only as a plea for enlightenment, but also as a personal exploration of violence and revenge. Among the other themes that played a significant role in the essay were questions relating to the aesthetics of resistance against violence, a language of doubt vis-à-vis the dogma of terror and state reactions to violence. The essay received the Theodor Wolff Prize in 2008 and served as the template for the book, »Stumme Gewalt. Nachdenken über die RAF« (»Raw Violence. Thoughts on the RAF«), which was published by S. Fischer Verlag that same year.

◇

In 2012, after receiving several other awards for her journalistic work, S. Fischer Verlag published Emcke's »Wie wir begehren« (»How we desire«), an essay that explores the discovery of her own homosexuality. Beginning with her youth in the 1980s, she reflects on the mechanisms of exclusion, isolation, deceit and silence as well as on the longing for a language to describe one's own desire. It is a book that »defends the open space of being different« against the force of defined attributes and conventions (Frankfurter Rundschau).

In her 2013 volume of essays »Weil es sagbar ist« (»Because it can be said«) published by S. Fischer Verlag, Emcke explores the borders of that which can be expressed. Starting with literary and documentary testimonies given by survivors of the Shoah, she points in her central essay to the social responsibility we have to grant space to stories of extreme violence and injustice. She argues against the notion of the »indescribable« and in favour of the ethos of empathy. Since October 2014, Emcke has written a weekly column for the weekend edition of Germany's Süddeutsche Zeitung. In 2014, she received the Johann Heinrich Merck Prize for Literary Criticism and Essay Writing from the German Academy for Language and Literature and in 2015 the Lessing Prize from the Free State of Saxony.

◇

In October 2016, S. Fischer Verlag has published her latest book »Gegen den Hass« (»Against Hatred«), an essayistic examination of the dogma of purity that threatens to undermine the diversity of our society. According to Emcke, in order to be able to effectively counter racism, fanaticism and hostility to democracy, we must protect the freedom of the individual and especially the freedom of those who stray from the norm. She argues that »the only way to oppose hatred is to reject the invitation to hate. One must have the courage to contradict those who hate by becoming active in the realms in which haters cannot dwell, namely in precise observation, self-doubt and boundless differentiation«.

AWARDS

2016	Peace Prize of the German Book Trade
2015	Lessing Prize of the Free State of Saxony
2015	Prize of Lichtenberg Lectureship in Poetics
2014	Johann Heinrich Merck Prize for Literary Criticism and Essay Writing
2012	Ulrich Wickert Prize for Children's Rights
2010	Journalist of the Year, medium magazin
2010	Reporter Prize – *Best Reportage*
2010	Otto Brenner Prize, 1st Prize
2008	Theodor Wolff Prize in the Category ›Essay‹
2006	Research Prize of the Ernst Bloch Prize
2005	The Political Book of the Friedrich Ebert Foundation

DIE FRIEDENSPREISTRÄGER
und ihre Laudatoren
PREVIOUS WINNERS OF THE PEACE PRIZE
and their laudatory speakers

1950 Max Tau – *Adolf Grimme*

1951 Albert Schweitzer – *Theodor Heuss*

1952 Romano Guardini – *Ernst Reuter*

1953 Martin Buber – *Albrecht Goes*

1954 Carl J. Burckhardt – *Theodor Heuss*

1955 Hermann Hesse – *Richard Benz*

1956 Reinhold Schneider – *Werner Bergengruen*

1957 Thornton Wilder – *Carl J. Burckhardt*

1958 Karl Jaspers – *Hannah Arendt*

1959 Theodor Heuss – *Benno Reifenberg*

1960 Victor Gollancz – *Heinrich Lübke*

1961 Sarvepalli Radhakrishnan – *Ernst Benz*

1962 Paul Tillich – *Otto Dibelius*

1963 Carl Friedrich von Weizsäcker – *Georg Picht*

1964 Gabriel Marcel – *Carlo Schmid*

1965 Nelly Sachs – *Werner Weber*

1966 Augustin Kardinal Bea und
   W. A. Visser 't Hooft – *Paul Mikat*

1967 Ernst Bloch – *Werner Maihofer*

1968 Léopold Sédar Senghor – *François Bondy*

1969 Alexander Mitscherlich – *Heinz Kohut*

1970 Alva und Gunnar Myrdal – *Karl Kaiser*

1971 Marion Gräfin Dönhoff – *Alfred Grosser*

1972 Janusz Korczak (posthum) – *Hartmut von Hentig*
1973 The Club of Rome – *Nello Celio*
1974 Frère Roger, Prior von Taizé – *(keine Laudatio)*
1975 Alfred Grosser – *Paul Frank*
1976 Max Frisch – *Hartmut von Hentig*
1977 Leszek Kołakowski – *Gesine Schwan*
1978 Astrid Lindgren – *Hans-Christian Kirsch,*
       Gerold U. Becker
1979 Yehudi Menuhin – *Pierre Bertaux*

1980 Ernesto Cardenal – *Johann Baptist Metz*
1981 Lew Kopelew – *Marion Gräfin Dönhoff*
1982 George F. Kennan – *Carl Friedrich von Weizsäcker*
1983 Manès Sperber – *Siegfried Lenz*
1984 Octavio Paz – *Richard von Weizsäcker*
1985 Teddy Kollek – *Manfred Rommel*
1986 Władysław Bartoszewski – *Hans Maier*
1987 Hans Jonas – *Robert Spaemann*
1988 Siegfried Lenz – *Yohanan Meroz*
1989 Václav Havel – *André Glucksmann*

1990 Karl Dedecius – *Heinrich Olschowsky*
1991 György Konrád – *Jorge Semprún*
1992 Amos Oz – *Siegfried Lenz*
1993 Friedrich Schorlemmer –
       Richard von Weizsäcker
1994 Jorge Semprún – *Wolf Lepenies*
1995 Annemarie Schimmel – *Roman Herzog*
1996 Mario Vargas Llosa – *Jorge Semprún*
1997 Yaşar Kemal – *Günter Grass*
1998 Martin Walser – *Frank Schirrmacher*
1999 Fritz Stern – *Bronislaw Geremek*

2000 Assia Djebar – *Barbara Frischmuth*
2001 Jürgen Habermas – *Jan Philipp Reemtsma*
2002 Chinua Achebe – *Theodor Berchem*
2003 Susan Sontag – *Ivan Nagel*
2004 Péter Esterházy – *Michael Naumann*
2005 Orhan Pamuk – *Joachim Sartorius*
2006 Wolf Lepenies – *Andrei Pleşu*
2007 Saul Friedländer – *Wolfgang Frühwald*
2008 Anselm Kiefer – *Werner Spies*
2009 Claudio Magris – *Karl Schlögel*

2010 David Grossman – *Joachim Gauck*
2011 Boualem Sansal – *Peter von Matt*
2012 Liao Yiwu – *Felicitas von Lovenberg*
2013 Swetlana Alexijewitsch – *Karl Schlögel*
2014 Jaron Lanier – *Martin Schulz*
2015 Navid Kermani – *Norbert Miller*
2016 Carolin Emcke – *Seyla Benhabib*